OTTFRIED NEUBECKER

Wappenkunde

ORBIS VERLAG

Der mit der Helmzier versehene Helm wurde zum Turnier erst im letzten Augenblick aufgesetzt. Der Knappe brachte diesen Helm seinem Ritter; mit der rechten Hand hielt dieser den bewimpelten Speer und lenkte sein Pferd, mit der linken hob er den Helm, allen sichtbar, in die Höhe.

ISBN 3-572-01336-4

Eine Produktion von EMB-Service für Verleger, Luzern, Schweiz
© 1988 by EMB-Service für Verleger, Luzern, Schweiz
Titel der englischen Originalausgabe: A Guide to Heraldy
© der Sonderausgabe 2002 by Orbis Verlag
in der Verlagsgruppe FALKEN/Mosaik,
einem Unternehmen der Verlagsgruppe Random House GmbH,
81673 München

Die Verwertung der Texte und Bilder, auch auszugsweise, ist ohne Zustimmung des Verlags urheberrechtswidrig und strafbar. Dies gilt auch für Vervielfältigungen, Übersetzungen, Mikroverfilmung und für die Verarbeitung mit elektronischen Systemen.

Die Informationen in diesem Buch sind von Autor und Verlag sorgfältig erwogen und geprüft, dennoch kann eine Garantie nicht übernommen werden. Eine Haftung des Autors bzw. des Verlags und seiner Beauftragten für Personen-, Sach- und Vermögensschäden ist ausgeschlossen.

Druck: Mladinska Knjiga Tiskarna Printing House, Ljubljana
Printed in Slovenia

817 2635 4453 6271

05 04 03 02

INHALTSVERZEICHNIS

Ursprung der Heraldik	6	Der Adler und andere geflügelte Wesen in Staatswappen	117
DER HEROLD	12	Die Pflanzenwelt	122
Quellen zum Studium der Heraldik	24	Pflanzen in Staatswappen	126
Die Hauptelemente eines Wappens	38	Himmelskörper	128
DER SCHILD	40	Himmelskörper in Staatswappen	133
DAS ZEICHEN	52	Bauwerke und Geräte	140
Farben und Musterungen	56	Bauwerke und Geräte in Staatswappen	145
Heroldsstücke	60		
Blasonierung	66	DER HELM	154
Beizeichen, Gnadenzeichen, Parteiabzeichen	68	DIE KRONE	168
Das Typische am heraldischen Stil	70	PRUNKSTÜCKE	182
Das Kreuz	76	Schildhalter	182
Der Union Jack	80	Postamente und Sprüche	190
Der Danebrog	81	Wappenzelt und Wappenmantel	194
Das Kreuz in Staatswappen	82	Bilddevisen und Badges	196
Geometrische Muster und Ornamente	84	Orden	202
Geometrische Muster und Ornamente in Staatswappen	86	Wappenbrauch	216
Der Löwe	90	Die Belehnung	220
Der Löwe in Staatswappen	98	Wappenverschmelzungen	224
Wappentiere, Fabeltiere	102	Kirchliche Heraldik	234
Tiere in Staatswappen	106	Universitätsheraldik	236
Der Mensch	108	Patrizische Republiken	238
Der Mensch und seine Teile in Staatswappen	109	Egalitäre Republiken	241
Der Adler und andere geflügelte Wesen	110	Kommunale Heraldik	244
		Hauptstädte	246
		Funeralheraldik	252
		Bildquellen-Nachweise	256
		Namensregister	260

URSPRUNG
DER HERALDIK

Als im Jahr 1095 der flammende Aufruf an die Christenheit erging, das Kreuz zu nehmen und zur Befreiung der Heiligen Stätten aufzubrechen, machten sich offenbar nur wenige eine Vorstellung davon, auf welch qualvolle und gefährliche Abenteuer man sich damit einließ. Groß war das Erstaunen der recht ungeschliffenen Leute aus dem Abendland, als sie auf eine hohe Kultur und auf eine wissenschaftlich fundierte Technik, auch Kriegstechnik, stießen. Sie zogen daraus gewiß Lehren, dies aber mehr in bezug auf die Technik.

Notwendig wurde eine stärkere Schutzbewaffnung; diese bestand insbesondere in einer weiteren Abdeckung des Gesichtes, wodurch der Krieger unkenntlich wurde. Dies hatte wiederum zur Folge, daß er wie ein moderner Panzerfahrer oder Flugzeugpilot seine Umhüllung mit leicht identifizierbaren Zeichen ausstatten mußte; das konnte ein zusätzlicher Aufbau auf dem Helm sein, aber auch eine Bemalung der Rüstungsteile, des Schildes und auch der Pferdedecke. Der Waffendienst eines Lehensinhabers schloß meistens die Stellung des Streitrosses auf eigene Kosten ein.

Die Kreuzfahrer versuchten ihre gesellschaftliche Struktur den eroberten Gebieten aufzupfropfen. Sie errichteten die Herrschaft einer Oberschicht mit den Regeln der Feudalität, perfekter als in der Heimat, aber als Oberschicht auch gebrechlicher. Mehrere Elemente legten gemeinsam den Grundstein zu einer Erscheinung, die die ganze, im europäischen Sinn zivilisierte Welt umfaßte: dem Wappenwesen, das wir nach späteren Formen auch Heraldik nennen. Die Feudalität, das Lehenswesen also, beruhte grundsätzlich auf einem unverbrüchlichen Treueverhältnis zwischen Herr und Diener, wobei der Dienstleistung einerseits eine Sorge- und Schutzpflicht des Herrn andererseits zu entsprechen

hatte. Dieses lehensrechtliche Verhältnis wurde – wie heute ein Beamtenverhältnis – zwischen dem König oder einem ihm kurz nachgeordneten Herrn und einer Einzelperson auf Lebenszeit geschlossen und erlosch nur, aber dann automatisch, beim Tode eines der Partner. War der Lehnsherr eine Institution, etwa die Kirche, so konnte die Frage auftauchen, ob der Tod des Repräsentanten der Institution, etwa eines Bischofs, das Lehensverhältnis auflöste oder nicht. Das verständliche Bestreben, besonders seitens der Lehnsnehmer, die Vorteile des Lehens ihren Nachkommen zu sichern, führte notwendigerweise zur Erblichkeit. In einer Gesellschaft, die noch keineswegs auf technischen Fortschritt und die damit verknüpfte Geldwirtschaft ausgerichtet war, war die Grundlage der Existenz die Landwirtschaft, mit anderen Worten Grund und Boden. Nach dem Zusammenbruch des römischen Weltreiches fanden im Zuge der Völkerwanderung grundlegende Wandlungen in den Besitzverhältnissen statt. Die wirkten sich zugunsten derer aus, die die Gewalt innehatten. So entstanden in Mitteleuropa zwei Typen des Grundbesitzes. Der eine ist das sogenannte Allod, das heißt der erbliche Grundbesitz, der seinem Eigentümer vollständig gehörte; der andere ist das Lehen, ein Grundstück oder Gebiet, das dem König oder einem hochgestellten Herrn gehörte, von diesem aber einem unterstellten Mann geliehen wurde, damit er die Existenzmittel gewinnen konnte, um seine mit der Entgegennahme des Lehens übernommenen Pflichten zu erfüllen. In einer Zeit, die mehr auf Gewaltanwendung als auf eine rechtliche Gesinnung angewiesen war, bestand eine Hauptpflicht in der Bereitschaft, den Herrn in der kämpferischen Verfolgung seiner Ziele mit allen Mitteln und in eigener Person zu unterstützen.

König Richard I. von England überwindet mühelos einen übelblickenden Saladin, dem der Künstler einen Phantasieschild gegeben hat.

Solange derartige Unternehmungen von verhältnismäßig kleinen Häuflein Bewaffneter betrieben wurden, bedurfte es kaum einer zusätzlichen Kennzeichnung; da genügten Merkmale verschiedenster Art.

Das änderte sich mit einem Male, als beim ersten Kreuzzug Kampfwillige aus dem ganzen Abendland auszogen. Man mußte zwar mit Nachbarn vom gleichen Kontinent gemeinsame Sache machen, war aber dennoch genötigt, sich hierbei eng an die eigenen Landsleute anzuschließen. Durch die Differenzierung der Farben des Kreuzzeichens wurde nicht nur ein Nationalbewußtsein erzeugt oder gefördert; die militärisch leitenden Personen übertrugen ihre aus dem Lehenswesen herrührenden Auffassungen auf die neue Lage.

Die Kennzeichnung der Volkszugehörigkeit war für alle jene eine Wohltat, die nach Verlassen ihrer Heimat auf die Sprachbarriere stießen, die ja nur von Gelehrten mit Hilfe des Lateinischen überwunden werden konnte; auch das Französische, die Hauptsprache Gebildeter, konnte da nur wenig helfen, obwohl es im Orient eine bedeutende Rolle spielte. Dieses Verhältnis zwischen dem Herrn und seinem Vasallen erklärt auch, warum in den ersten Jahrhunderten des Wappenwesens Wert darauf gelegt werden mußte, daß das Wappen eine bestimmte Person und nicht etwa eine Familie anzeigt. Den Eintritt in das

tätige Leben gewann ein junger Ritterbürtiger ja auch nicht durch seinen Vater, sondern durch den, der ihm die Ritterwürde verschaffte. Erst die Erfolge der Lehensinhaber in ihrem Bestreben, die Lehen nach und nach erblich zu machen, führten zur Dauerhaftigkeit der Wappen, die nunmehr zu rechtlichen Symbolen wurden. In der Gegenwart bestehen die vor rund tausend Jahren entwickelten Regeln kaum verändert weiter, nachdem sie durch die Tätigkeit einer immer wichtiger gewordenen Berufsgruppe, der Herolde, formuliert und durchgesetzt worden waren.

Das Wappenwesen ist im Laufe seiner langen Geschichte immer zeitgültig geblieben. Alle politischen Entwicklungen finden einen Niederschlag in heraldischen Formen. Das ist am deutlichsten bei der Gründung neuer Staaten zu beobachten, die ausnahmslos am ersten Tage ihrer Unabhängigkeit und möglichst um 0.00 Uhr unter feierlichem Gepränge eine Flagge hissen und bald danach befreundeten Nationen ihr künftiges Wappen und auch die Abzeichen ihrer nationalen Fluggesellschaft und ihrer Luftwaffe mitteilen.

Die zunehmende Demokratisierung im Sinne einer erweiterten Selbstverwaltung und Selbstverantwortung der unteren Instanzen oder kleinster Bevölkerungsgruppen führt zur Schaffung von örtlichen Abzeichen. Das hat in so de-

Traktat über die Einrichtung eines Turniers (bekannt als »Buch der Turniere des Königs René«, um 1460).

mokratisch aufgebauten Ländern wie der Schweiz und Finnland jeder oder fast jeder Gemeinde, auch der kleinsten, zu einem heraldisch einwandfreien Wappen verholfen. Allen Unkenrufen zum Trotz ist eine ähnliche Bewegung auch bei Familien zu beobachten, die sich als Baustein ihres Volkes empfinden und zu dessen Zusammenhalt beizutragen wünschen. Nachdem die Auffassung überwunden sein dürfte, daß es eines Kaisers oder Fürsten bedürfte, um ein Wappen zu erlangen, nimmt auch die Nachfrage nach Wappen für zusammenschlußfreudige Familien, aber auch für Einzelpersonen zu.

So erklärt es sich,
daß alles, was mit Wappen zu tun hat,
»heraldisch« genannt wird
und daß Wappenkunde und Wappenkunst
zusammen HERALDIK heißen.

*

Personen und Personengruppen
werden durch Wappen ganz und gar so vertreten,
als ob sie selbst anwesend wären.
Wo ein Wappen vorkommt,
steht es für eine bestimmte Person
und dies auch über seinen
Tod hinaus.

Der Herold

In der Götterwelt des Altertums waren die Zuständigkeiten der einzelnen Gottheiten sorgfältig aufgeteilt; der Hauptgott oder Göttervater bedurfte zur Bekanntgabe seines himmlischen Willens eines Verkünders, eines Vermittlers. Im alten Ägypten galt der heilige Apis-Stier *(oben)* als Bote von Ptah, dem obersten Gott.

Rechts: Im berühmten »Livre des Tournois« des Guten Königs René wird beschrieben, wie das Turnier vom Herold mit der kräftigsten Stimme eröffnet wird: *Or oyez, or oyez!* (Also höret!).

Was ist ein Herold? Woher kommt die Bezeichnung »Heraldik« für die Wappenkunde? Der Zusammenhang zwischen Wappen und Herolden ist nicht selbstverständlich, und der Begriff »Heraldik« besteht erst seit etwa dreihundert Jahren. Denn eigentlich ist ein Herold ein Bote und Verkünder. Seine Aufgabe ist es, »des Heeres zu walten«, ein Ausdruck, der vermutlich auf das althochdeutsche *hariwalt* zurückgeht. Auf dem Umweg über das altfranzösische *herault* drang das Wort in alle europäischen Sprachen ein.

Die enge Beziehung zwischen Wappen und Herolden erklärt sich zwanglos aus der Heeresverfassung und der Art der Kriegführung im Mittelalter. Die feudale Gesellschaft war in endlose Fehden verwickelt, die nach ritterlichem Ritual begonnen, ausgetragen und unter unschätzbaren Verlusten an Land und Vermögen beendet wurden. Jeder Teilnehmer an einem Waffengang kriegerischer oder mehr sportlicher Natur machte sich mit einem Wappen auf Schild, Helm und Banner wie auch auf der Pferdedecke kenntlich und war nur daran von anderen zu unterscheiden. Es mußte also Leute geben, die an diesen Zeichen ablesen konnten, ob man Freund oder Feind vor sich hatte. Voraussetzung hierfür war ein gutes Ge-

dächtnis, aber auch Vertrauenswürdigkeit; eine unwahre Berichterstattung hätte katastrophale Folgen gehabt. Und da zu allen Zeiten Wissen Macht ist, bildete sich aus der jeweiligen Umgebung der Kriegsherren eine Gruppe von Personen heraus, die über diese Eigenschaften und Kenntnisse verfügten. Dabei war ihre soziale Herkunft ausnahmsweise ohne Bedeutung. Bereits wenige Jahrzehnte nach dem Auftauchen der ersten Wappen waren sie so zahlreich geworden, daß ihre Kenntnis zum Rüstzeug der »Herolde« genannten Personen wurde, die man zwar vorher als Boten und Ausrufer von den Spielleuten und anderem fahrendem Volk nicht unterschieden hatte, aber jetzt zu Rate ziehen mußte. Zum ersten Mal ist die Anwesenheit eines Herolds bei einem Gefecht im Juli 1173 nachgewiesen: damals bezeugt der Chronist Guillaume le Maréchal, daß ein Herold die Schlacht bei Drincourt in der Normandie beobachtet hat. Noch war das ein Einzelfall, eine Inanspruchnahme aus gegebenem Anlaß. Die Einrichtung aber bewährte und festigte sich langsam. Immerhin weisen englische Ausgabenbelege für das Jahr 1290 auf einen »König der Herolde« in königlichem Dienst hin, und etwa vierzig Jahre danach taucht erstmals eine Amtsbezeichnung auf, wie sie später allgemein für die Herolde verwandt wurde. Ein Mann namens Andrew nannte sich zusätzlich »Norroy« (Nordkönig) zu einer Zeit, als der gemeine Mann noch keinen Familiennamen, sondern nur einen Taufnamen zu haben pflegte. Königliche Bedienste-

te aber wurden aus der Menge durch Amtsbezeichnungen herausgehoben, die wiederum hierarchisch gestaffelt sein konnten. Nachdem sich die Herolde aus der Gruppe des Gesindes, der Spielleute und Abendunterhalter ausgegliedert hatten, stand an ihrer Spitze ein Wappenkönig oder König der Herolde, gefolgt von den Herolden als nächster Stufe und den Persevanten (vom französischen *poursuivant,* Amtsanwärter). Worin bestanden deren Aufgaben im einzelnen?

In Frankreich sind sie innerhalb des Statuts für den *Connétable* (vermutlich aus dem Jahr 1309) so genau umschrieben, daß man sich ein lebendiges Bild von der Tätigkeit der damaligen Herolde machen kann. Der *Connétable,* dessen Amt erst 1627 durch Richelieu aufgehoben worden ist, war der Oberbefehlshaber der Heere des Königs. Die Zahl dieser Wappenkenner war beträchtlich. Nach der für die Franzosen verlustreichen Schlacht bei Crécy 1346 wurde dem Sieger, König Eduard III. von England, die Liste der gefallenen französischen Ritter überreicht. Als Boten wurden fünf Herolde abgesandt. Ihre Amtsnamen waren nach französischen Landschaften gewählt.

Die von den Herolden verlangte ausgedehnte Personenkenntnis erforderte nicht nur ein gutes Gedächtnis, sondern auch Gedächtnisstützen, also Verzeichnisse. Ein systematisches Erfassen war aber der Epoche noch recht fremd, man nahm mehr militärisch-hierarchische Einteilungen vor, erstellte Übersichten nach Gefolgschaften oder der Teilnahme an Heerschau-

Die drei Abbildungen zeigen folgende Szenen: Der Herzog der Bretagne händigt seinem Wappenkönig das Schwert aus, das dieser dem künftigen Gegner als Zeichen der Aufforderung zu einem Turnier bringen soll. Ein Persevant hält Kappe und Heroldsstab seines Meisters.

Sie bieten ihm die mittels imaginärer Wappen auf einer Pergamentrolle verzeichneten acht Spruchrichter an, von denen er vier auswählen möge.

Die Spruchrichter stecken sich Abzeichen mit ihren Wappen an die Kopfbedeckung. Ein stimmgewaltiger Persevant ruft das Turnier aus.

Die mit den Bannern, Wimpeln und Wappen der Herzöge der Bretagne und von Bourbon sowie den Bannern und Wappen ihrer Genossen geschmückten Herbergen der Turnierparteien nach dem Turnierbuch des Königs René.

en oder Krönungen. Doch auch andere Gesichtspunkte traten hinzu, wie die Anordnung aufgrund der Wappenbilder nach einzelnen Gegenden, dies vor allem in England, wo man auch in den folgenden Jahrhunderten dem Wappenwesen eine auffallend dogmatisch bestimmte Aufmerksamkeit widmete. Die militärischen Erfordernisse waren aber nicht nur Antrieb zur Listenführung, sondern sie erlegten den Herolden bestimmte Regeln für Lebensweise und öffentliches Auftreten auf, mußten sie doch als unverletzliche Personen die Reihen der Fehde- oder Kriegsgegner durchschreiten und deren Lager betreten können. Dazu gehörte eine unverwechselbare Tracht. Sie bestand in einem Wappenrock, wie ihn auch der Herr zu festlichen Gelegenheiten anlegte, jedoch – dies ein wesentlicher Un-

Den Damen war bei einem so bunt bewegten Vorgang die geziemende Mitwirkung eingeräumt. Sie sollten, sagt König René, viermal an den aufgereihten Helmen aller Teilnehmer vorbeigeführt werden, um keinen zu übersehen, der ihr Geschlecht mit Worten geschmäht habe. Dessen Helm, von einer Dame berührt, wurde ausgesondert, der Betreffende zur Rechenschaft gezogen.

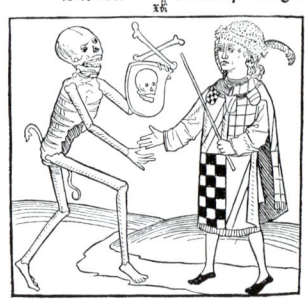

terschied – ohne Schwert, Dolch oder Schlagstock, immerhin aber im Getümmel über einem Ringelpanzer. Die Herolde waren also von weitem kenntlich; eine solche Tracht hat sich in Ländern, in denen die Einrichtung der Herolde noch in irgendeiner Form besteht, bis heute erhalten. Solange die alte Heeresfolge-Verfassung noch galt, bei der die Fürsten, ihre Bannerherren und deren fallweise aufgebotenes Lehensgefolge an den aufgerichteten Fahnen kenntlich waren, blieben die Herolde allenthal-

Der Herold, dem der Tod begegnet, trägt den markgräflich-badischen Wappenrock mit den Feldern Baden (in Gold ein roter Schrägbalken) und Sponheim.

Die unbestallten, also »freiberuflichen« Herolde schmückten ihren Tappert mit lauter kleinen Wappenschildchen, die beamteten trugen das Wappen ihres Herrn, bei kleineren Anlässen als angehängtes Schildchen, wie seinerzeit auch die über Land gehenden Briefboten.

Der Herold »Sicile« (Sizilien) *(rechts außen)* stand um 1420 in Diensten des Königs von Aragon (dem Sizilien damals gehörte). Er hieß mit bürgerlichem Namen Jean Courteois.

ben im Abendland unentbehrlich. Sie hatten sich stets, besonders aber in Kriegszeiten, in unmittelbarer Nähe ihres Herrn aufzuhalten und bei Tag und Nacht bereit zu sein, weswegen sie in den Zelten des Fürsten untergebracht wurden. Sollte eine fürstliche Verfügung bekannt gemacht werden, hatte der Herold seinen Wappenrock, den Tappert, anzulegen und, von einem dreimal ins Horn stoßenden Trompeter begleitet, laut und deutlich der Zuhörerschaft den vorgeschriebenen Text unverändert vorzulesen. Mit dem Tappert angetan, hatte er auch die angeordnete Waffenruhe zu verkünden und Botschaften an gegnerische Befehlshaber zu übermitteln, sei es, um den Kampf anzubieten, die Übergabe eines festen Platzes zu fordern oder um Kapitulationsverhandlungen vorzuschlagen, aber auch um Zweikämpfe zwischen Einzelpersonen aus den gegnerischen Lagern zu organisieren. Einer namhaften Entlohnung durch den Gegner, der seine Nachricht entgegennahm, durfte er gewiß sein, um so mehr, als man darauf achtete, daß er dessen Sprache beherrsche. Zurückgekehrt, durfte zogen haben soll. Immerhin durfte er seinem Herrn mit Ratschlägen ohne nähere Begründung nützlich sein. Wenn der Kampf aber auf korrekte, ritterliche Weise eröffnet wurde, pflegte man vor Gefechtsbeginn neue Ritter zu schlagen, eine Zeremonie, bei der die Herolde als Zeugen anwesend zu sein hatten. Der Herold »Hennegau« beurkundete 1547, daß Kaiser Karl V. am Morgen der Schlacht bei Mühlberg Peter von Brandenburg zum Ritter geschlagen habe. Der Lohn für ein derartiges Zeugnis

ein Herold über beim Gegner beobachtete Zurüstungen, etwa einen Hinterhalt, kein Wort verlieren; er mußte sogar so tun, als habe er ihn überhaupt nicht wahrgenommen. Andernfalls wäre er als Spion betrachtet worden, was mancher eidbrüchige Persevant dem Schaden seines Herrn vorgebestand in allen nichtmilitärischen Ausrüstungsstücken des bisherigen Knappen, die aber auch mit einer Mark Silber ausgelöst werden konnten.

Jeder mußte sich bei bevorstehendem Kampf bewußt sein, daß er vielleicht nicht lebend davonkäme. Für diesen Fall hatten die Herolde letztwillige Verfügungen zu protokollieren und Wertsachen in Verwahrung zu nehmen, sich aber auch körperliche Merkmale ansagen zu lassen, anhand derer sie Gefallene identifizieren konnten. John Talbot, Graf von Shrewsbury, fiel 1453 in der Schlacht bei Castillon, mit der der Hundertjährige Krieg zwischen England und Frankreich beendet wurde. Sein Herold konnte ihn nur noch an einer Lücke im Gebiß erkennen, die er mit dem Finger im Mund seines durch Verletzungen und bereits begonnene Verwesung entfen wähnte, sich über ihn beugte und auf den Mund küßte, unter Tränen seinen vierzigjährigen Dienst als beendet erklärte und zum Zeichen dessen seinen Waffenrock auszog und auf den Leichnam legte.

Herolde waren unbewaffnet und wurden grundsätzlich nicht gefangengenommen. Sie hatten sich un-

Der auf einer Spielkarte dargestellte Herold trägt das Wappen von Böhmen als Ansteckabzeichen.
Das Abzeichen mit dem Bären ist das der Weibel der Talschaft Ursern (Schweiz).

V. l. n. r.: Persevant des Kurfürsten Friedrichs II. von Brandenburg (1413–1471). Der Persevant der Turniergesellschaft »Zum Esel«, Hans Ingeram, stellt sich selbst, einarmig, wie er war, in dem von ihm 1459 angelegten Wappenbuch dar.
Spanischer Herold aus den letzten Regierungsjahren König Ferdinands I. († 1516).

stellten Herrn erfühlte. Rührend liest sich bei Mathieu d'Escouchy die Szene, wie der enttäuschte Herold, der den Grafen lebend, wenn auch in Gefangenschaft, anzutreffen mittelbar bei Kampfbeginn von der Fahne ihres Herrn weit zu entfernen, weil sie den Kampfverlauf anhand der Wappen verfolgen und auch das Verhalten der Kämpfer

Bei der Krönung der derzeitigen Königin Elisabeth II. am 2. Juni 1953 haben die Herolde Großbritanniens mitgewirkt und in ihren farbenprächtigen und reichbestickten Tapperten zur Feierlichkeit beigetragen *(unten)*.

oder gar Feiglinge beobachten und melden mußten. Nach Entflechtung trafen sich die Herolde beider Seiten auf dem Schlachtfeld, um gemeinsam zu entscheiden, wer der Sieger des Tages sei. Unterlegen war derjenige, aus dessen Gefolge die meisten Toten stammten. Wegen dieser genauen Kenntnis aus Augenschein informierten sich die Chronisten und ihre Illustratoren über den Verlauf der oft schicksalsentscheidenden Schlachten bei den Herolden beider Seiten. Die Herolde des Verlierers begaben sich in der Regel zu dem gegnerischen Befehlshaber, beglückwünschten ihn zu dem Sieg, den Gott ihm geschenkt habe, und ersuchten ihn, Gott für die Seelen der Gefallenen um Gnade zu bitten. Darüber hinaus konnten sie dem Sieger Dienste erweisen. Nach der Schlacht von Azincourt 1415 hatte der Wappenkönig des Königs von Frankreich mit dem Amtsnamen »Montjoye« auf Befragen dem König von England, Heinrich V., zu erklären, daß er der Sieger sei und wie das Schloß in der Nähe heiße, woraufhin der König gemäß bestehender Sitte der Schlacht den Namen dieses Platzes erteilte.

Der den Herolden im ganzen Abendland gezollte Respekt war unabhängig von der nicht überall gleich straffen Organisationsform ihres Amtes; westlich des Rheins herrschten weit strengere Regeln als im übrigen Europa. So erklärt sich auch die Ähnlichkeit der rheinischen Heraldik mit der westeuropäischen, insbesondere der niederländischen. Die Herolde Westeuropas hatten abgegrenzte Amtsbezirke, sogenannte *Marches,* die sich aus den für die Turniereinteilung geschaffenen beiden Adelsprovinzen der »Ruyers« und der

Initiale mit dem Porträt des obersten englischen Wappenkönigs, John Smert. Nach einem 1456 von ihm ausgestellten Wappenbrief.

»Poyers« gebildet hatten. Die »Ruyers« stellten den germanischen und die »Poyers« den gallischen Adel dar.

Der als Wappenkenner berühmt Claes Heynensoen war nicht nur Herold mit dem Amtsnamen »Gelre«, sondern auch Wappenkönig *de ruyris.* Die »sehr edle und große Mark« der »Poyers« gliederte sich in drei Turnierprovinzen: die der »Poyers«, der »Aquitanier« und der »Champagner«, die geographisch aufgebaut und in zwölf *Marches* oder Wappenkönigreiche unterteilt waren.

Im Deutschen Reich organisierte der turnierfähige, also ausreichend alteingesessene Adel sich unabhängig von den Fürsten selbst. Die Herolde der Landesfürsten hatten keine Veranlassung, sich mit Wappenkunde zu beschäftigen, da diese Fürsten zur Wappenverleihung nicht berechtigt waren und also auch kein Interesse an der Überwachung hatten.

Der Pfalz-Simmerische Herold Georg Rüxner berichtet in seinem damals sehr verbreiteten, aber mit den Tatsachen, insbesondere, was die Vergangenheit betrifft, sehr großzügig verfahrenden »Turnierbuch«, im Jahre 942 sei im Anschluß an das Turnier zu Rothenburg ob der Tauber beschlossen worden, die »Turniervögte« organisatorisch zu entlasten und in jedem Bezirk drei »Turniergesellschaften« zu bilden, deren Gesellschaftsvögte ein Tier oder einen Vogel, was man damals auseinanderhielt, als Abzeichen zu wählen hätten. Ein solcher Gesellschaftsvogt sollte dies Abzeichen seinem Gesellschaftsknecht anhängen und es selbst tragen.

Die Regelung für die Herolde in Großbritannien spiegelt die Geschichte dieses Staates darin wider, daß die Heroldsämter von England und von Schottland voneinander vollkommen unabhängig sind, wie ja auch die heraldischen Systeme beider Länder sich unterscheiden.

TAPPERT DES BURGUNDISCHEN HEROLDS
FÜR DAS HERZOGTUM LUXEMBURG

TAPPERT MIT DEM VOLLSTÄNDIGEN WAPPEN VON SPANIEN

QUELLEN ZUM STUDIUM DER HERALDIK

Die Kenntnis der tatsächlich geführten Wappen verschafften sich Herolde als Organisatoren von Turnieren und anderen größeren ritterlichen Zusammenkünften durch Augenschein, den sie in Zusammenstellungen festhielten. Diese Zusammenstellungen streben Vollständigkeit nur in bezug auf den jeweiligen Anlaß an, weswegen diese Gruppe in England die treffende Bezeichnung *Occasional Roll* erhielt. Aus dienstlichen Bedürfnissen entstanden dort außerdem sogenannte *Ordinaries,* Wappensammlungen, die nach dem Schildinhalt geordnet sind und nicht nach dem Namen des oder der Wappenherren. England ist an solchen Wappensammlungen weitaus reicher als jedes andere Land. Im übrigen Europa sind nach Figuren geordnete Sammlungen fast nur zu Lehrzwecken, also aus Beispielen bestehend, angelegt worden. Erst im 19. Jahrhundert erwachte ein größeres Interesse daran; die Ergebnisse sind jedoch immer noch beschämend dürftig. Immerhin hat in den letzten Jahrzehnten die wissenschaftlich orientierte Auswertung mittelalterlicher Wappensammlungen aller Art gute Fortschritte gemacht, wobei im allgemeinen auch solche Quellen zu den Wappensammlungen hinzugenommen werden, die im strengen Sinn diesen Namen nicht verdienen, nämlich Bilderhandschriften, die mit einer größeren Anzahl von Wappen zusätzlich illustriert sind. Wir sind heute für derartige Illustrationen dankbar, müssen uns allerdings oft mit der Frage abmühen, welche Wappen als echt zu werten sind und welche nur als Schmuckelemente erfunden wurden.

Man ist außerdem dazu übergegangen, zu den Wappensammlungen auch jene Gruppierungen zu rechnen, die an Bauwerken, teils plastisch, teils als Wandmalereien erhalten geblieben sind. Eine Abgrenzung, wie groß dann die Anzahl solcher Wappen sein müsse, besteht nicht; also müßten auch wappengeschmückte Einrichtungsgegenstände wie Teppiche und Möbel zu den Wappensammlun-

Die Zürcher Wappenrolle unterscheidet säuberlich zwischen an Personen gebundenen Wappen und rein territorialen Zeichen. Die ersteren bestehen aus Schilden mit Helm und Helmzier, die letzteren sind durch Banner vertreten.

Rechts: Eine Seite aus dem sogenannten Armorial Wijnbergen, auf der die ersten 25 der 64 Wappen der Marche d'Artois zusammengestellt sind.

| GRAF | BANNER DER | ALTFLANDERN | BURGGRAF |
| VON FLANDERN | FRANCHE-COMTÉ | | VON LILLE |

Im Wappenbuch des Herolds »Gelre« sind die Wappen der Vasallen eines großen Herrn neben dessen Wappen aneinandergereiht, alle mit phantasievollen Helmzierden.

gen gezählt werden. Ihr Quellenwert ist so gut wie der vergleichbarer auf Papier oder Pergament gemalter Wappen. Der Wappensaal in Lauf ist einer *Occasional Roll* durchaus gleichwertig, und die Wienhäuser Teppiche können in dieser Hinsicht den Vergleich mit den ersten Teilen der Zürcher Wappenrolle aushalten. Weniger anschaulich sind die bildlosen Zeugnisse, entweder listenartige Verzeichnisse von Teilnehmern an einem Ereignis mit Beschreibung ihrer Wappen – und sei es eine Gefangennahme oder Urfehdebeglaubigung – oder wortreiche Dichtungen, in denen phantastischen Personen als Teilnehmern an erdichteten Turnieren die Wappen regierender Fürsten beigelegt und so genau beschrieben werden, daß sie manchmal als erstes historisches Zeugnis für diese – oft noch heute bestehenden – Wappen dienen können. Dies gilt in besonderem Maße für das legendäre »Turnier von Nantes« des Konrad von Würzburg († 1284), während der »Clipearius Teutonicorum« (Schildliste der Deutschen) des Konrad von Mure († 1281) sich nur auf die gereimte Wappenbeschreibung selbst beschränkt. Das Studium dieser Texte ist für die Erforschung der Entwicklung der typischen heraldischen Kunstsprache sehr ergiebig. Es zeigt sich, daß sie in allen Ländern vom Französischen ausgeht.

wart erhalten zur Bezeichnung eines Registers mit mehr oder weniger authentischem Charakter, wie etwa der Zeichenrolle des Patentamtes.

Die Verwendung von Wappen zur Belebung ganzer historischer oder legendärer Berichte scheint den Deutschen mehr Vergnügen bereitet zu haben als ausländischen Wappenkennern. Jedenfalls sind bisher in der heraldischen Literatur anderer Länder nur eigentliche Wappensammlungen, aber keine Chroniken mit heraldischen Illustrationen erschienen. Eine Ausnahme ist die bedeutende Chronik

DAVID VON HALLUIN

BURGGRAF VON AUDENARDE

ROBERT, GRAF VON CASSEL

PHILIPP VON AXEL

Die Wappensammlungen kann man nach ihrer Gestalt technisch in Wappenrollen und Wappenbücher gliedern. Der Ausdruck »Rolle«, der von einer Rolle aus Pergament herrührt, hat sich bis in die Gegenwart des Engländers Matthew Paris oder Matthäus Parisiensis († 1259). Die darin enthaltenen Wappen sind für zahlreiche Fürstengeschlechter der älteste Beleg. Für das Deutsche Reich gibt der

Das Wappen der Könige von Schottland entspricht im wesentlichen dem heute noch gültigen. Aus dem Armorial Universel des Herolds Gelre, 14. Jahrhundert.

Verfasser schon den Doppeladler als Kaiserwappen an, zu einem Zeitpunkt als dies noch keineswegs festgelegt war, wohl aber sich die Meinung schon durchsetzte, der Kaiser führe einen zweiköpfigen, der römisch-deutsche König einen einköpfigen Adler.

Von heraldischem Quellenwert, allerdings schon sehr weitgehend erforscht, ist das sogenannte »Balduineum«, in dem die Romfahrt Kaiser Heinrichs VII. geschildert wird.

Für die Heraldik bedeutsam sind die Darstellung Heinrichs vor, während und nach der Kaiserkrönung, der immer noch ungeklärte langgestreckte rot-gelbe Wimpel, der den Marsch auf Rom begleitet (Zeichen des Patricius von Rom?) und die Tatsache, daß der Verfasser durch graphische Mittel andeutet, wann er ein Wappen, nämlich das eines Gegners, nicht kennt.

Spätere heraldisch illustrierte Chroniken gewinnen ihren Quellenwert durch die Verwendung kurzlebiger Wappen, wie sie bei manchen Fürsten, mehr aber bei Geistlichen vorkommen. Anhand solcher Wappen kann auch die Entstehungszeit anderer Wappenbücher ermittelt werden, vor allem aufgrund des häufigen Wechsels der Wappen der Päpste.

Die Chroniken des 15. Jahrhunderts aber verfallen der Freude am Fabulieren. Von Reiseberichten angeregt, zitieren die Verfasser von Wappenbüchern zunehmend erdichtete Wappen der Könige

Das Königswappen von Frankreich stabilisierte sich im ersten Drittel des 14. Jahrhunderts auf die Dreizahl der Lilien. Aus dem Armorial Universel des Herolds Gelre, 14. Jahrhundert.

fernster Länder; die Chronisten ersinnen Wappen für die Vorgänger ihres Landesherrn, die nicht als historische Quellen interessant sind, sondern wegen des gewählten Motivs und der oft gelungenen Zeichnung.

Von den Chroniken dieser Art zu unterscheiden sind die Augenzeugenberichte über einmalige, wenn auch zum Teil länger andauernde Ereignisse. Die Augenzeugen sind, soweit sie sich als Wappenkenner ausweisen, in den meisten Fällen Herolde, die an den Ereignissen als Organisatoren teilgenommen haben. Manche Wappenrolle hat erst die moderne Forschung als ein solches Verzeichnis erkannt.

Einen einmaligen Fall stellen die Wappen der deutschen Ritter dar, die 1361 in Italien aus der Gefangenschaft entlassen werden konnten. Des Schreibens und Lesens wenig kundig, konnten sie ihre Namen wohl nicht buchstabieren, die daher italienisiert und entstellt sind. Ihre Wappen konnten sie jedoch vorweisen.

Es müssen aber keineswegs nur kriegerische Vorkommnisse sein, die einen Herold von Amts wegen zur Anlegung einer Liste veranlaßten. Auf ähnlichen Beweggründen wie die heraldische Illustration von Chroniken beruht die Ausschmückung mit Wappen in anderen literarischen Zeugnissen, unter denen besonders die »Große Heidelberger Liederhandschrift« (Manesse-Codex) zu nennen ist, in der jedem Bildnis oder Szenenbild das Wappen des betreffenden Minnesängers beigegeben ist, in einigen Fällen sogenannte Minnewappen als Ausdruck der Damenverehrung anstelle des eigentlichen Familienwappens. In den Handschriften des »Sachsenspiegels« hingegen spielen Wappen nur eine nebensächliche Rolle; sie dienen zur Veranschaulichung rechtlicher Grundsätze. Im hohen Mittelalter sind Wappen an vielen Stellen angebracht worden. So verzierte Kunstwerke können neben ihrem ästhetischen Reiz auch Aufklärung über ihre Stellung im historischen Zusammenhang bieten. Manche von diesen Werken verdienen in Verbindung mit den Wappensammlungen aufgeführt zu werden, denn als wohl vorbereitet und sorgfältig ausgewählt erscheinen diejenigen Wappenreihen, die aus festlichem Anlaß geschaffen wurden, etwa für einen fürstlichen Besuch. Dies darf man für das Haus »Zum Loch« in Zürich und den Turm zu Erstfelden vermuten, sicherlich auch für das Kastell von Rivoli, ganz bestimmt aber für den Wappensaal zu Lauf, wo Karl IV. öfters weilte. Auch der Tisch aus dem Lüneburger Rathaus dürfte aus einem freudigen Anlaß mit den allegorischen Medaillons und den Wappen am Rand dekoriert worden sein.

Die Sitte, Wappen zum Schmuck seiner Unterkunft zu benutzen, findet eine wichtige Parallele in dem mitteleuropäischen Brauch, sein Wappen an der Herberge anzubringen, in der man abstieg. Wer Händel suchte, riß dann ein solches Plakat ab – ähnlich wie wenn heutzutage Konsulatsschilder, die unmittelbaren Nachfahren dieser Herbergsplakate, beschädigt werden.

König Eduard der Bekenner (reg. 1042–1066), der Gründer der Abtei von Westminster. Das ihm nachträglich zugeschriebene Wappen beruht auf einer seiner Silbermünzen. Phantasieporträt aus einer Kopie der »Rous Roll«.

Werner von Teufen, der in dem Bild aus der »Großen Heidelberger Liederhandschrift« auf der Falkenjagd eifrig der Minne pflegt, führte im Schild den Helm mit der Helmzier, eine im Mittelalter nicht seltene Art der Wappengestaltung.

Ein so großer Kongreß wie das Konzil zu Konstanz (1414–1418) war eine wahre Fundgrube für einen Wappenfreund: Ulrich von Richental ging damals von Haus zu Haus, notierte, was er sah, und nahm es in seine Chronik des Konzils auf. Leider gerieten ihm wohl seine Notizzettel durcheinander, so daß vor allem in den Wappen der Geistlichkeit, die er festhielt, allerlei Verwirrung herrscht. Auch war er nicht frei von Spekulation, und manches exotische Wappen hat er nicht an einer Herberge notieren können, sondern sich aufschwatzen lassen.

Mit dem Streben nach Vollständigkeit, das Ulrich von Richental an den Tag legte, setzte er eine bereits anderthalb Jahrhunderte bestehende, ihm aber kaum bewußt gewordene Tradition fort, nämlich Wappensammlungen anzulegen, die sich möglichst universelle Ziele setzten. Da der Antrieb zum Wappensammeln entweder reines kulturelles Interesse oder berufliche Notwendigkeit war, tut man gut daran, bei den allgemeinen Wappensammlungen zwischen denen der Herolde und denen von privaten Sammlern oder Mäzenen zu unterscheiden. Beide Arten finden sich zuerst um die Mitte des 13. Jahrhunderts.

Der nebenstehende Ausschnitt aus der »Historia Anglorum« (Geschichte der Engländer) von Matthew Paris beginnt mit den Wappen des Königs von England und seines Bruders Richard Grafen von Cornwall, der als Graf von Poitou ein eigenes Wappen führte und als der reichste Fürst seiner Zeit zum deutschen König gewählt und 1257 gekrönt wurde. Das erste Wappen in der zweiten Reihe ist das älteste bekannte Wappen in der englischen Geschichte.

Die Sammlungen der privaten Urheber lassen ein höheres kulturelles Interesse erkennen, als es bei den Amtspersonen erforderlich war. Abgesehen davon, daß die erwähnten poetischen Wappenschilderungen Literaturzeugnisse sind, fällt auch auf, daß es gerade diese Privatsammlungen sind, die Wert auf die Kenntnis der Vollwappen legen, also auch die Helmzierden erwähnen oder abbilden; letzteres gilt für die Wappenrolle von Zürich, die nur mühsam zu datieren ist – sie enthält nämlich kein Wappen geistlicher Personen –, und das Wappenbuch »Van den Ersten«.

Mit Ausnahme des Uffenbachschen Wappenbuches, das nur – übrigens schwungvoll gemalte – Wappenschilde enthält, und des Grünwaldschen Wappenbuches bieten alle Wappenbücher des deutschen Mittelalters Vollwappen. Als das bedeutendste deutsche Wappenbuch eines privaten Sammlers darf das des Konrad Grünenberg gelten.

Was Ulrich von Richental festgelegt hatte, das hat dieser spätere Konstanzer, der ihn nicht mehr persönlich gekannt haben kann, übernommen und nicht nur erheblich erweitert, sondern auch in kraftvoll gezeichneter Weise zusammengestellt. Konrad Grünenberg ist 1442 als Baumeister seiner Heimatstadt Konstanz bezeugt;

dreimal war er deren Bürgermeister. Sein umfangreiches Wappenwerk schloß er am 9. April 1483 ab, drei Jahre vor Antritt einer etwa ein halbes Jahr dauernde Wallfahrt nach dem Gelobten Lande.

Die auf Herolde oder andere Amtspersonen zurückgehenden Wappensammlungen berücksichtigen auffallenderweise die Helme und Helmzierden bis in die Mitte des 14. Jahrhunderts nicht; das gilt auch für England, wo sonst mit den Helmzierden besonderer Aufwand getrieben wurde und wird. Auf dem Kontinent hingegen waren die Herolde bestrebt, vollständige Wappen festzuhalten; ein hervorragendes Beispiel dafür ist das Wappenbuch des Herolds »Gelre«. Albrecht von Bayern, Graf von Holland seit 1390, erteilte ihm den Amtsnamen »Bayern«. Darüberhinaus wurde er auch Wappenkönig der »Ruyers«.

Auch an Ordnungsleitlinien der frühen Heroldswappenrollen läßt sich die Zweckbestimmung erkennen; das Interesse an möglichst großer Vollständigkeit in bezug auf fremde und fernste Länder ist gering. Ausländer, auch fürstliche, werden gern im Anhang behandelt, die Familienwappen werden nach Turnierregionen und Vasallenverhältnissen geordnet. Im 15. Jahrhundert beginnen sich die Unterschiede zu verwischen, aber nunmehr geht die Autorschaft eines Herolds aus seiner Namensnennung hervor. Die mit Urhebernamen versehenen Wappensammlungen werden daher auch nach dem Urheber benannt oder hilfsweise nach dem Namen eines Ortes oder eines bekannt gewordenen Vorbesitzers, der nicht einmal das Original besessen haben muß, sondern vielleicht nur eine Kopie.

Mit der Erfindung des Buchdrucks dringt im 15. Jahrhundert zunächst die vorgedruckte Schablone für Schild, Helm und Helmdecken in die Wappenbuchproduktion ein, gefolgt vom Kupferstich.

Im Konziliumbuch von Konstanz hat Ulrich von Richental die Wappen der dem Bischof von Konstanz unterstellten Äbte und Abteien zutreffend verzeichnet; einige von ihnen fügen dem Wappen ihrer Abtei das eigene Familienwappen hinzu, und zwar an zweiter und dritter Stelle des gevierten Schildes. Der rot-weiß geschachte Schrägbalken in den Wappen von Salmansweiler und Wettingen deutet darauf hin, daß es sich um Zisterzienserklöster handelte.

Mit dieser Entwicklung ist aber das Interesse am Sammeln von Wappen ohne Publikationsabsicht nicht erloschen; das beweisen schon die bis heute fortgeführten Wappenbücher von Ritterorden.

Eine großartige, aber auch letzte Anstrengung von amtlicher Seite war die Schaffung des »Armorial Général« durch ein Edikt Ludwigs XIV. vom Jahre 1696, mit dem der bisherige *Juge Général des Armes de France, Charles D'Hozier,* zum *Garde de l'Armorial Général* (Bewahrer des Allgemeinen Wappenbuchs) ernannt, aber gleichzeitig einem Verwaltungsbeauftragten, Adrien Vannier, unterstellt wurde. Die rein fiskalischen Motive und die sich dabei ergebenden Streitigkeiten haben zwar dem ganzen Unternehmen geschadet, doch insgesamt gesehen war das Ergebnis für die Heraldik von unschätzbarem Wert.

Grundsätzlich steht jedermann die Wahl eines eigenen Wappens frei; nicht jedermann macht davon Gebrauch, aber wer es tut, hat das Bedürfnis, die getroffene Wahl von einer autorisierten Stelle bestätigt zu sehen. Die Art und Weise dieser Bestätigung hängt von den politischen Verhältnissen ab. Monarchien sind an der Beachtung sozialer Schichtungen stärker interessiert als Republiken und haben daher auch meist eine zuständige Dienststelle für die Ausstellung von standesrechtlichen Bestätigungen. Im römisch-deutschen Reich war dies die Reichskanzlei, die seit dem 14. Jahrhundert der graphischen Gestaltung von Wappenbriefen besondere Aufmerksamkeit gewidmet hat. Adelsverleihungen wurden in aller Regel zusammen mit Wappenverleihungen in Adelspatenten ausgesprochen; daneben gab es Wappenbriefe für Familien, die ursprünglich Pergamentblätter wie heute noch in England, seit dem 18. Jahrhundert »libellweise« buchförmig gestaltet.

Auch der von Ludwig XIII. 1615 geschaffene Posten des *Juge Général des Armes de France* brachte keinen Wandel in den Bemühungen, die Führung von Wappen systematisch zu erfassen. Erst die Finanznot Ludwigs XIV. ließ die Idee der Wappenregistrierung wieder aufleben, diesmal aber als Besteuerungsgrundlage. Inzwischen hatten tüchtige Graveure und Buchdrucker gedruckte Wappenbücher auf privater Grundlage herausgebracht.

Der einzige Staat, der ein amtliches Wappenregister seiner Adelsgeschlechter in Druck gegeben hat, war das kaiserliche Rußland; das Werk begann 1797 und erlahmte 1840 mit der Drucklegung des zehnten Bandes. Das Wappen des Alexander Wassiljewitsch, Grafen Suworow-Rimnikskij *(links),* das ihm am 11. April 1791 der russische Kaiser erteilt hatte, enthält den deutschen Reichsadler, den ihm der römisch-deutsche Kaiser Josef II. verliehen hatte. Als Suworow 1799 Fürst des Russischen Reichs wurde, wurde sein Wappen »gebessert«; der russische Reichsadler trat an die Stelle des römisch-deutschen.

In England werden die Wappenbriefe wie eh und je auf ungefalteten Pergamentbogen als Patente, also als »offene Briefe« jedermann, der sie zu sehen bekommt, ausgestellt. Der Leser wird darin von drei Mitgliedern des englischen Heroldsamtes über die Rechtsgrundlage des Heroldsamtes, den Antrag des Wappenbriefempfängers und die verliehenen Wappenzeichen unterrichtet. Außer den neuen Wappenzeichen, hier dem Wappen, der Standarte und den Badges der »Imperial Tobacco Limited«, ist am oberen Rand das Wappen der Königin zwischen dem Wappen des Herzogs von Norfolk als *Earl Marshal* und *Hereditary Marshal of England* und dem des *College of Arms* eingemalt. Am rechten Rand die Amtswappen der drei beteiligten Wappenkönige (»Garter«, »Clarenceux« und »Norroy and Ulster«), die auf ihren unten im »Umbug« angehängten Wappensiegeln wiederkehren. Auch in andern Ländern hatten solche Ämter Urkunden über die rechtmäßige Führung eines Adelsnamens auszustellen oder für den Herrscher vorzustellen oder für den Herrscher vorzubereiten. Die weitere Befugnis, auch an Nichtadelige Wappenbriefe auszustellen, ist hiermit nur ausnahmsweise verknüpft. In der Gegenwart werden Wappenbriefe meistens von wissenschaftlichen Vereinen ausgestellt.

36

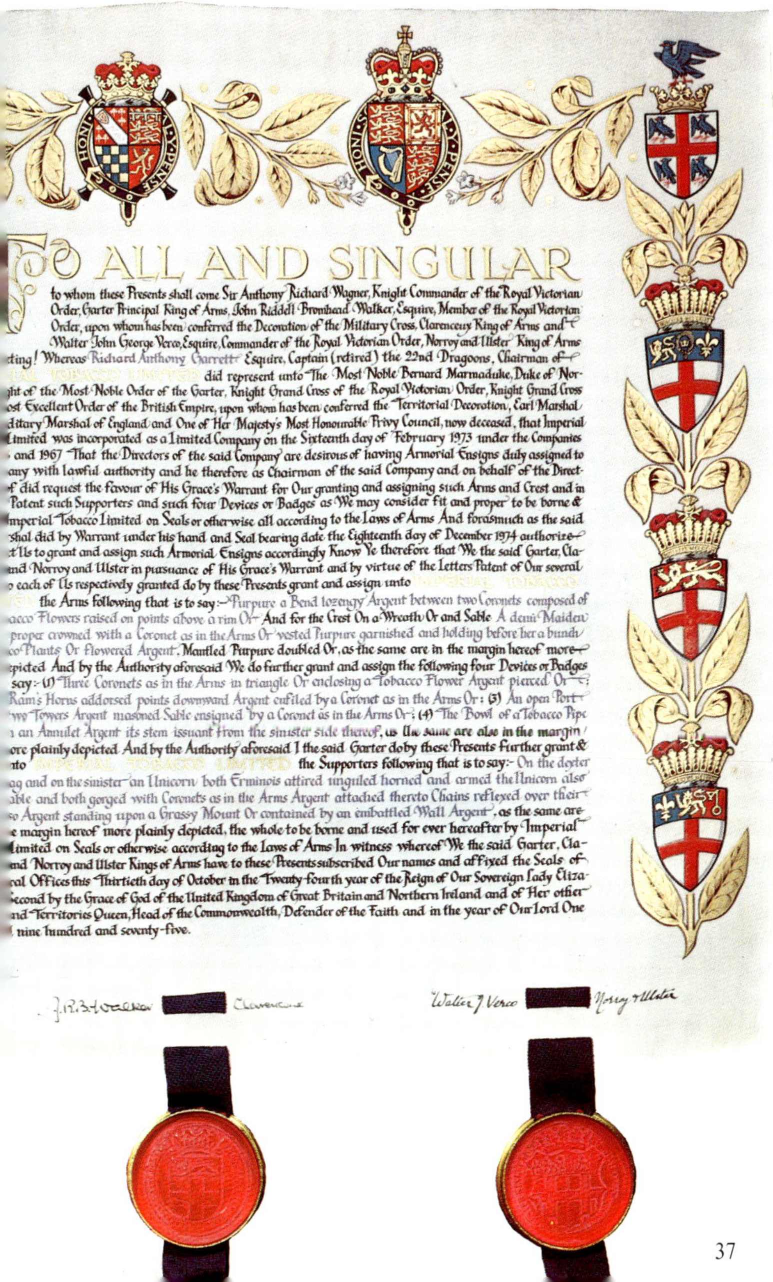

TO ALL AND SINGULAR

to whom these Presents shall come Sir Anthony Richard Wagner, Knight Commander of the Royal Victorian Order, Garter Principal King of Arms, John Riddell Bromhead Walker, Esquire, Member of the Royal Victorian Order, upon whom has been conferred the Decoration of the Military Cross, Clarenceux King of Arms and Walter John George Verco, Esquire, Commander of the Royal Victorian Order, Norroy and Ulster King of Arms *send Greeting!* Whereas Richard Anthony Garrett, Esquire, Captain (retired) the 22nd Dragoons, Chairman of IMPERIAL TOBACCO LIMITED did represent unto The Most Noble Bernard Marmaduke, Duke of Norfolk, Knight of the Most Noble Order of the Garter, Knight Grand Cross of the Royal Victorian Order, Knight Grand Cross of the Most Excellent Order of the British Empire, upon whom has been conferred the Territorial Decoration, Earl Marshal and Hereditary Marshal of England and One of Her Majesty's Most Honourable Privy Council, now deceased, that Imperial Tobacco Limited was incorporated as a Limited Company on the Sixteenth day of February 1973 under the Companies Acts 1948 and 1967 That the Directors of the said Company are desirous of having Armorial Ensigns duly assigned to the Company with lawful authority and he therefore as Chairman of the said Company and on behalf of the Directors thereof did request the favour of His Grace's Warrant for Our granting and assigning such Arms and Crest and in Letters Patent such Supporters and such four Devices or Badges as We may consider fit and proper to be borne & used by Imperial Tobacco Limited on Seals or otherwise all according to the Laws of Arms And forasmuch as the said Earl Marshal did by Warrant under his hand and Seal bearing date the Eighteenth day of December 1974 authorize and direct Us to grant and assign such Armorial Ensigns accordingly Know Ye therefore that We the said Garter, Clarenceux and Norroy and Ulster in pursuance of His Grace's Warrant and by virtue of the Letters Patent of Our several Offices to each of Us respectively granted do by these Presents grant and assign unto IMPERIAL TOBACCO LIMITED

the Arms following that is to say:- Purpure a Bend lozengy Argent between two Coronets composed of Tobacco Flowers raised on points above a rim Or. And for the Crest On a Wreath Or and Sable A demi Maiden proper crowned with a Coronet as in the Arms Or vested Purpure garnished and holding before her a bundle of Tobacco Plants Or Flowered Argent. Mantled Purpure doubled Or, as the same are in the margin hereof more plainly depicted And by the Authority aforesaid We do further grant and assign the following four Devices or Badges that is to say:- (1) Three Coronets as in the Arms in triangle Or enclosing a Tobacco Flower Argent pierced Or (2) Two Ram's Horns addorsed points downward Argent ensiled by a Coronet as in the Arms Or; (3) An open Port between two Towers Argent masoned Sable ensigned by a Coronet as in the Arms Or; (4) The Bowl of a Tobacco Pipe within an Annulet Argent its stem issuant from the sinister side thereof, as the same are also in the margin hereof more plainly depicted And by the Authority aforesaid I the said Garter do by these Presents further grant & assign unto IMPERIAL TOBACCO LIMITED the Supporters following that is to say:- On the dexter a Stag and on the sinister an Unicorn both Erminois attired ungulued horned and armed the Unicorn also crined and both gorged with Coronets as in the Arms Argent attached thereto Chains reflexed over their backs Argent standing upon a Grassy Mount Or contained by an embattled Wall Argent, as the same are in the margin hereof more plainly depicted, the whole to be borne and used for ever hereafter by Imperial Tobacco Limited on Seals or otherwise according to the Laws of Arms In witness whereof We the said Garter, Clarenceux and Norroy and Ulster Kings of Arms have to these Presents subscribed Our names and affixed the Seals of our several Offices this Thirtieth day of October in the Twenty fourth year of the Reign of Our Sovereign Lady Elizabeth the Second by the Grace of God of the United Kingdom of Great Britain and Northern Ireland and of Her other Realms and Territories Queen, Head of the Commonwealth, Defender of the Faith and in the year of Our Lord One thousand nine hundred and seventy-five.

DIE HAUPTELEMENTE
EINES WAPPENS

REICHSPANIER
Oder Oriflamme

LANZENSPITZE

KÖNIGSKRONE

WAPPENSTANDARTE

KUPPEL DES WAPPENZELTES
mit Wahlspruch

Durch die Kuppel unterscheidet sich ein Wappenzelt von einem Wappenmantel. Auch ein Wappenmantel wird seitlich hochgebunden.

Als Beispiel für das Zusammenwirken mehrerer Wappen in einem Schild bietet sich das Wappen des ehemaligen Königreiches Preußen an.

Das kleine Wappen *(unten)* beruht auf dem Wappen, das 1701 für den neuen Königstitel geschaffen worden ist.

KÖNIGSHELM (Visier ganz offen)

Helmdecken in den Farben des wichtigsten Mittelschildes.

HERMELINFUTTER

wird im Wappenmantel naturalistisch dargestellt.

SCHILDHALTER

Wilde Männer, mit Laub umgürtet und bekränzt.

WICHTIGSTER MITTELSCHILD

Die übrigen Mittelschilde und die 48 Felder des Hauptschildes, sowie der Schildfuß (Regalienfeld) sind hierarchisch geordnet. Sie könnten auch geographisch geordnet sein.

POSTAMENT oder KONSOLE

Die Gestalt der Postamente wird in Blasonierungen meist nur andeutungsweise umschrieben. Statt eines Marmorsockels kann auch ein Gestell aus ornamentalen Ranken vorkommen.

Das große Wappen *(rechte Seite)* vereinigt in zweiundfünfzig Feldern auch die Wappen der kleineren Territorien, Herzogtümer und Grafschaften, die der König von Preußen für würdig erachtet hatte, in seinem großen Titel vertreten zu sein. Die Wilden Männer und andere Prunkstücke können bei allen Formen in bestimmtem Umfange ausgetauscht, aber auch ganz weggelassen werden.

ORDENSKREUZ AN DER KOLLANE

Die Kette des höchsten Ordens bildet den äußeren Ring, wenn mehrere Orden vorkommen.

Der Schild

Die gänzliche Gleichsetzung von Person und Wappen drückt sich in den Siegeln aus, die den Wappenschild in seiner zeitgenössischen Gestalt genau wiedergeben, mit einer Inschrift auf dem umlaufenden Rand. Reitersiegel des vollgerüsteten Herzogs Bengt Birgersson, 1282; Original 77 mm ø.

Der Reiterschild von Seedorf (rechts), einem 1197 gestifteten Kloster am Vierwaldstätter See, befindet sich jetzt im Schweizerischen Landesmuseum in Zürich. Der silberne Löwe im blauen Feld stellt das Wappen des Stifters dieses Klosters, Arnold von Brienz († 1225), dar. Der Schild von Seedorf ist offenbar der einzige erhalten gebliebene »Normannenschild«, dem man allerdings die obere Rundung hart am Scheitel des Löwen abgeschnitten hat, wodurch die um 1220 modisch gewordene Oberkantengestaltung erreicht werden konnte.

Der Schild ist zum wichtigsten Träger dessen geworden, was man anfänglich schlicht »Zeichen« nannte und erst später als heraldische Bilder ansah und dann in Heroldsstücke und gemeine Figuren unterteilte. Ehe es dazu kommen konnte, mußte aber der Schild als Schutz- und sogar als Trutzwaffe jahrhundertelang eine waffentechnisch bedingte Entwicklung durchlaufen.

Die ständische Ordnung des Mittelalters, wie sie etwa im »Sachsenspiegel« festgehalten worden ist, wird durch die Bezeichnung der Stände als »Heerschilde« ausgedrückt. Dieser Ausdruck weist auf die ganz auf Gewaltanwendung ausgerichtete Lebensführung im Europa des hohen Mittelalters hin. Als der Herzog der Normandie, Wilhelm, nachmals der »Eroberer« benannt, im Jahre 1066 nach England übersetzte, bestand sein Heer aus Reitern. Den durch den Bildbericht von der Schlacht bei Hastings auf dem berühmten Teppich von Bayeux erstmals in der Wissenschaft bekanntgewordene Schild nennt man daher Normannenschild. Es ist zu unterscheiden zwischen kleinen, am Arm zu tragenden und großen, als Wände in den Boden zu rammenden Schilden.

Für ihre Gestaltung treten um 1500 graphische Gesichtspunkte in den Vordergrund.

Bis ins 15. Jahrhundert scheute man sich noch, Wappenschilde mit mehr als vier Feldern zu führen. Nachdem aber die dekorative Wirkung der Wappen erkannt war, eroberten sie ihren Platz auch in der bildenden Kunst.

Vor dem Aufbruch zum dritten Kreuzzug vereinbarten am 13. Januar 1188 zu Gisors in Nordostfrankreich die Könige von Frankreich, Philipp II., und von England, Heinrich II., und Graf Philipp von Flandern bestimmte Farben für die Kreuze ihrer Mannen: Rot für die Franzosen, Weiß für die Engländer und Grün für die Flamen. Nach dem Tode König Heinrichs II. führte Richard I. mit dem Beinamen »Löwenherz« die englischen Teilnehmer am Kreuzzug. Jeder Kreuzfahrer konnte nun an der Farbe des Kreuzes seines Glaubensbruders erkennen, welche

Medusenschild Kaiser Karls V. Seit der Antike reizte es die Waffenschmiede und Bildhauer, den Schild der Athene darzustellen. Den Künstlern der Renaissance kam es hauptsächlich auf den Anschluß an die Antike und die Ästhetik an.

Sprache er sprach. Die so oft aufgeworfene Frage, welche Form für dieses oder jenes Kreuz die »richtige« sei, ist aber nicht schlüssig zu beantworten. Erst für die späteren Jahrhunderte ist sie zu klären.

Die Kreuzzüge waren nicht die einzigen kriegerischen Unterneh-

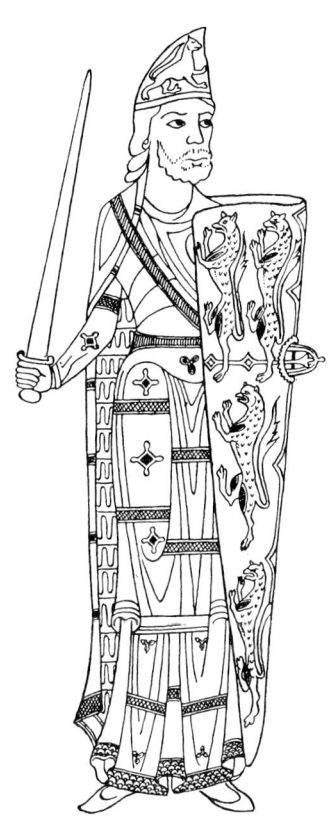

Standbild des Grafen Gottfried von Anjou, gen. Plantagenet. König Heinrich von England (reg. 1100–1135) hatte seinem Schwiegersohn Gottfried einen mit kleinen Löwen bemalten Schild umgehängt. Dies ist die erste bekannte Wappenverleihung der Geschichte.

Links: Japanische Setzschilde, hinter denen Bogenschützen knien. Ausschnitt aus einem Farbenholzschnitt.

mungen des hohen Mittelalters. Kleinere Fehden und nachbarliche Streitigkeiten wurden von einer Gesellschaftsklasse, die auf die Wirkung ihrer Waffenkraft baute, mit Waffen ausgetragen, wozu es aber ständiger Prüfung und Übung bedurfte. Dabei waren Schaustellung und Prunkentfaltung nicht ohne Bedeutung, wie militärische Paraden bis auf den heutigen Tag beweisen. Dieser einem schaulustigen Publikum dargebotene Aufwand wurde im Mittelalter bei den Turnieren getrieben, die in literarischen Quellen zum ersten Mal im 13. Jahrhundert nachgewiesen sind. Dienten sie den Teilnehmern anfänglich nur dazu, ihre kämpferische Tüchtigkeit zu erproben, so entwickelten sich bald immer strengere Regeln, die sich schließlich so weit verfeinerten, daß der Kreis der turnierfähigen Personen stark eingeschränkt wurde. Ziel war es allerdings auch, aufsteigenden Geschlechtern den Zugang in die geschlossene Gesellschaft des alten Adels, dessen Mitglieder vier adelige Ahnen nachweisen konnten, zu versperren. Hinzu kam die Forderung, daß jemand aus dem Geschlecht, aus dem ein Mitglied turnieren wollte, in den letzten fünfzig Jahren an einem anderen Turnier teilgenommen hatte. Die Anwesenheit der Damen, um deren Gunst willen mancher in die Schranken ritt und die die Preise an die Gewinner verteilten, machte die Turniere zu einem festlichen gesellschaftlichen Ereignis, an dem die obersten sozialen Klassen, oft als Kämpfer, noch öfter als Zuschauer, teilnahmen. Die Bewährung in einem Turnier war für einen jungen Adeligen ein unab-

Ein König schlägt einen Knappen zum Ritter, nachdem dieser neu eingekleidet und mit Schild und Banner ausgerüstet worden ist. Der leichte Schlag mit dem Schwert auf die Schulter soll der letzte sein, den er unerwidert hinnimmt.

dingbares Erfordernis bei seinem Aufstieg über den Knappen zum Ritter. Um Ritter zu werden, mußte man sogar an einem Feldzug teilgenommen haben, wozu es einer »Reise« gegen einen Feind bedurfte und folglich auch eines Feindes. Diese Regel hat manchen Friedensschluß verhindert. Bei den Turnieren hatte man nicht Feinde, sondern Standesgenossen als Gegner. Wer die »Gegner« sein sollten, bestimmte das Los bei der Einteilung (damals »Teilung«), die mit der Helmschau verbunden war. Dabei wurden die Teilnehmer auch genealogisch überprüft und oft zurückgewiesen. Die Liste der Abgewiesenen ist in den Turnierbüchern oft erstaunlich lang.

Das bei den Turnieren entfaltete Gepränge war naturgemäß ganz und gar heraldischer Art. Die Herolde achteten auf die Einhaltung der heraldischen Regeln, wiesen Wappen, die gegen die Farbregel verstießen, zurück, verlangten Beweise für die Helmzierden mit Helmkrone, wofür ein kaiserliches Diplom genügen konnte. Die von diesen Organisatoren angelegten Listen sind gelegentlich auch mit Wappen illustriert und bilden dann eine wertvolle Gruppe unter den Gelegenheitswappenrollen.

Im 15. Jahrhundert standen die Turniere in lebhafter Blüte, verfielen aber um die Mitte des Jahrhunderts sehr rasch. Versuche zur Wiederbelebung, denen Kaiser

Maximilian I. den Beinamen »der letzte Ritter« verdankte, blieben ohne Dauerwirkung. Damit, daß ein deutscher Kaiser dem Turnierwesen so zugetan war, mag es zusammenhängen, daß die vielfachen Rüstungsteile, die man für alle möglichen Spielarten erfand, zumeist nur deutsche und keine französischen Namen haben, obwohl sonst die französische Sprache für die heraldische Terminologie in der ganzen Welt maßgebend war und ist.

flußt: beim Kolbenturnier kam es nicht mehr darauf an, den Gegner mit der Lanze aus dem Sattel zu stoßen, sondern nur noch, ihm mit einem Kolben die Helmzier abzuschlagen.

Vor jedem Turnier sollte angesagt werden, welche Turnierarten zugelassen seien. Unter Kaiser Maximilian hatte man zahlreiche Spielarten ersonnen, darunter Gruppenkämpfe, bei denen ein heilloses Getümmel geherrscht haben dürfte, obwohl nur drei Arten vorgese-

LANGGESTRECKTER DREIECKSCHILD MIT FAMILIENWAPPEN, 2. HÄLFTE 13. JAHRHUNDERT

PRUNKSCHILD DES LANDGRAFEN HEINRICH VON THÜRINGEN, ENDE 13. JAHRHUNDERT

Die weitere Entwicklung des Wappenwesens wurde durch die verschiedenen Abwandlungen der Turnierregeln nachhaltig beein-

hen waren: das Kolbenturnier mit Keule und Schwert in speziellen Halbharnischen, das eigentliche Turnier, ein feldmäßiger Kampf mit Lanze und Schwert in verstärkten Kürissen, das Fußturnier, ein Kampf zu Fuß mit Lanze und Schwert in Kürissen.

Die Veränderungen der Waffentechnik ließen das Interesse an den Turnieren erlahmen. 1439 endete eine lange Reihe von Spielen mit dem Turnier zu Landshut, und ein 1479 auf Veranlassung der fränkischen Ritterschaft gestarteter Wiederbelebungsversuch schloß acht Jahre später mit dem letzten Kolbenturnier zu Worms ab.

Turniere waren um jene Zeit nicht nur zu kostspielig, sondern als Übung auch schon nutzlos. Wenn in den folgenden Jahrzehnten etwas wie Turniere abgehalten wurde, so nannte man diese Veranstaltungen ehrlicher auch Ritterspiele. Inzwischen war das Schießpulver erfunden worden, dessen Anwendung aber noch Schwierigkeiten bereitete. Die Rüstungstechnik mußte sich im 15. Jahrhundert zunächst nicht darauf, sondern auf die Durchschlagskraft der Armbrustbolzen einstellen.

Der Kämpfer mußte also selbst wie ein Schild ausgerüstet und ganz in Eisen gehüllt sein: es entstand der Plattenharnisch, der immer kunstvoller und dank geschickt konstruierter Gelenke, der sogenannten Kacheln, immer beweglicher, aber auch immer schwerer wurde.

SETZSCHILD DER STADT ERFURT

TARTSCHE, GEFERTIGT VON TADDEO DI BARTOLO, ITALIENISCH, UM 1300

BURGUNDISCHE PAVESE, 2. HÄLFTE 15. JAHRHUNDERT

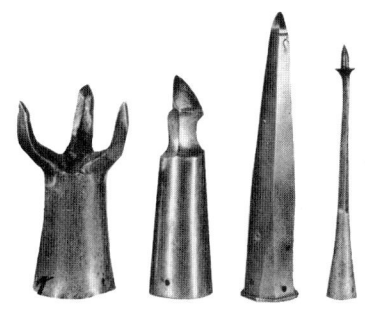

Die Turnierregeln waren sehr differenziert und die dabei verwendeten Waffen entsprechend vielfältig. Die Lanzenenden waren entweder gefährlich spitz oder nur auf empfindlichen Stoß ausgerichtet.

Die Entwicklung desjenigen Schildes, der in der Heraldik fortlebt, geht ausschließlich auf die Erfordernisse des Zweikampfes mit Schwert oder Lanze zurück. Der Kampf mit dem Schwert, dessen Streich vornehmlich gegen das Haupt des Gegners geführt wurde, hat darüber hinaus die Gestaltung der Helme entscheidend beeinflußt, während die zu Pferde gehandhabte Lanze die ganze Körperabdeckung treffen sollte, in erster Linie die empfindlichen Knie. Der eigentliche heraldische Schild der klassischen Epoche, nach seiner Umrißform Dreiecksschild genannt, konnte nach der Erfindung der Kniekachel immer kleiner werden. Die Grundgestalt blieb dabei die gleiche.

Sicher von der Technik der Lanzenführung beeinflußt, kommt um die Mitte des 14. Jahrhunderts eine neue Schildform auf, die man damals nicht Schild nennen wollte, sondern »Tartsche« nannte; man konnte Schild und Tartsche gleichzeitig besitzen. Das Kennzeichen der Tartsche, genauer zunächst der Reitertartsche, ist eine kräftige Einbuchtung des Oberrandes auf der rechten Seite des Trägers, eine Einbuchtung, die als Auflage für die Lanze eingerichtet war und daher auch ihren Namen hat: Speerruhe.

Anfänglich unterschied sich eine Tartsche von einem Schild nur durch ihren Umriß, sie war heral-

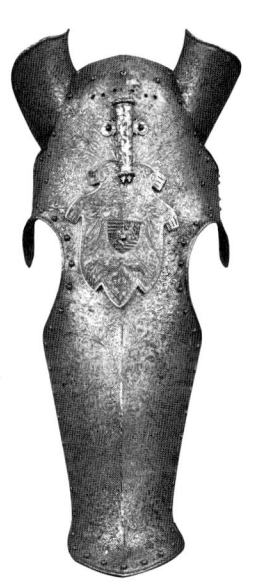

ROSSSTIRN MIT DEM AUFGELEGTEN WAPPEN KAISER FERDINANDS I., AUGSBURG 1558/1559

disch ebenso bemalt oder mit Flachreliefs verziert. Bald aber wurde die Fläche der Tartsche mit dem Vollwappen bemalt und darüberhinaus mit der Darstellung ganzer Szenen geschmückt.

Daneben entwickelten sich die Setztartschen, große Wände, die zu Schutzwällen nebeneinandergestellt werden konnten und hinter denen sich Fußkämpfer, insbesondere Armbrustschützen, aufhielten. Da diese Schutzwände vor allem von städtischen Verteidigungseinheiten verwendet wurden, finden sich gerade in Heimatmuseen ganze Sätze solcher »Pavesen«.

Die nebenstehende Übersicht beruht ausschließlich auf Originalquellen, vor allem Siegeln und anderen zeitlich eindeutig datierten Unterlagen. Sie ist daher gerade für die Zwecke der kunsthistorischen Datierung von besonderem Wert. Die anfängliche formale Übereinstimmung der Kampfschilde mit den heraldischen Schilden weicht mit dem Erlöschen der Verwendung von Schilden im Gefecht rein ornamentalen, großenteils architektonisch motivierten Gestaltungen.

Der blaue Setzschild der Armbrustschützen mit den Wappen des Römischen Königs aus dem Hause Österreich, des Georgenbundes und der Stadt Winterthur gibt einen Begriff davon, in welchem Maße Ornamentierung neben heraldischem Schmuck treten kann, wie stark aber auch Schmuckbedürfnis bei Gegenständen obwaltet, die zu lebensgefährlicher Benützung bestimmt sind. Die Wappen des Römischen Königs und des Georgenbundes gestatten eine ziemlich genaue Datierung. Denn der einköpfige Adler wurde von dem späteren Kaiser Friedrich III. nur so lange geführt, als er noch nicht zum Kaiser gekrönt war, also vor 1452. Dieser Kaiser ist auch der erste, der sein Hauswappen (Österreich) dem Adler auf die Brust legte; und er ist es auch, der in der angeblichen Erneuerung der Georgenritterschaft ein Werkzeug seiner mit der Reichspolitik vermischten Hauspolitik schuf. Die Stadt Winterthur war damals ein habsburgischer Parteigänger.

Arabische Ziffern stehen für gesicherte Belege, römische Ziffern für Jahrhunderte.

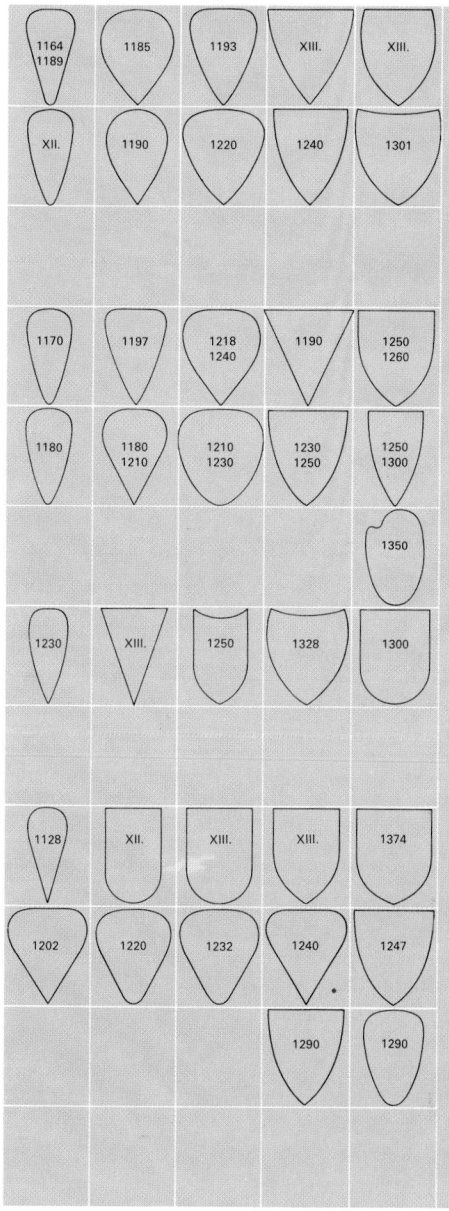

NIEDERLANDE
Hierher – Belgien inbegriffen – stammen besonders frühe Zeugnisse der Heraldik.

ENGLAND
In der gotischen Zeit stimmt die Form der Wappenschilde weitgehend mit der Wirklichkeit überein. Die Renaissance faßte nur zögernd Fuß. Seit dem 18. Jahrhundert beherrschen Schemata das Bild.

FRANKREICH
Tartschen fehlen, aber Renaissance und spätere Kunststile trieben lebhafte Blüten.

DEUTSCHLAND
Bis um 1500 stimmten im deutschen Sprachgebiet die Wappenschilde mit den Waffenschilden überein; der Humanismus brach italienischen Vorbildern in der Wappengraphik die Bahn. Die Reitertartsche hat die deutsche Wappenkunst lebhaft beeinflußt.

ITALIEN
Früher und stärker als in anderen europäischen Ländern gingen architektonische Elemente in die Wappenkunst ein. Tartschen in Form der Roßstirn blieben im wesentlichen auf Italien beschränkt.

SPANIEN
Die als spanischer Schild bezeichneten Halbrundschilde kommen in Spanien besonders früh vor.

UNGARN
Die Form der Schilde hängt sehr davon ab, ob der Einfluß eher deutsch oder italienisch ist.

POLEN
Die Formen der Schilde sind vollständig von der deutschen Heraldik beeinflußt.

RUSSLAND
Die russische Heraldik ist nicht autochthon; die Schildformen sind im übrigen Europa kopiert worden.

1330	1380	XIV/XV.	1504 1587	XVI.	XVI.	XVI.	1630	1637
1335	1390	1390	1467	1485	1500	1530	1648	XVIII.
		1436	1444	1450	1450	1514	1524	1537
1375 1475	1328	1430	1512	1520	XVI.	1560	1520	1591
1350	XIV.	1349 1500	XV.	1510	1520	1545	1580	1587
1380	1450	1457	1461	1470	1494	1525	1511	1520
XIV.	XIV.	XV.	1494	1510	1517	1570	1554	1580
XIV.	XIV.	1401	XV.	XVI.	XVI.	1528	1550	1565
1460	XV.	1470	1490 1505	1493	1495	1509	1509	1515
1270	1350	1470 1470	1470	1496	1497	1507	1526	1666
1341	XIV.	1438	1438	XV.	1504	1510	1550	XVI.
1423	1583	1670	1672	1688	1671	1669	1675	1695

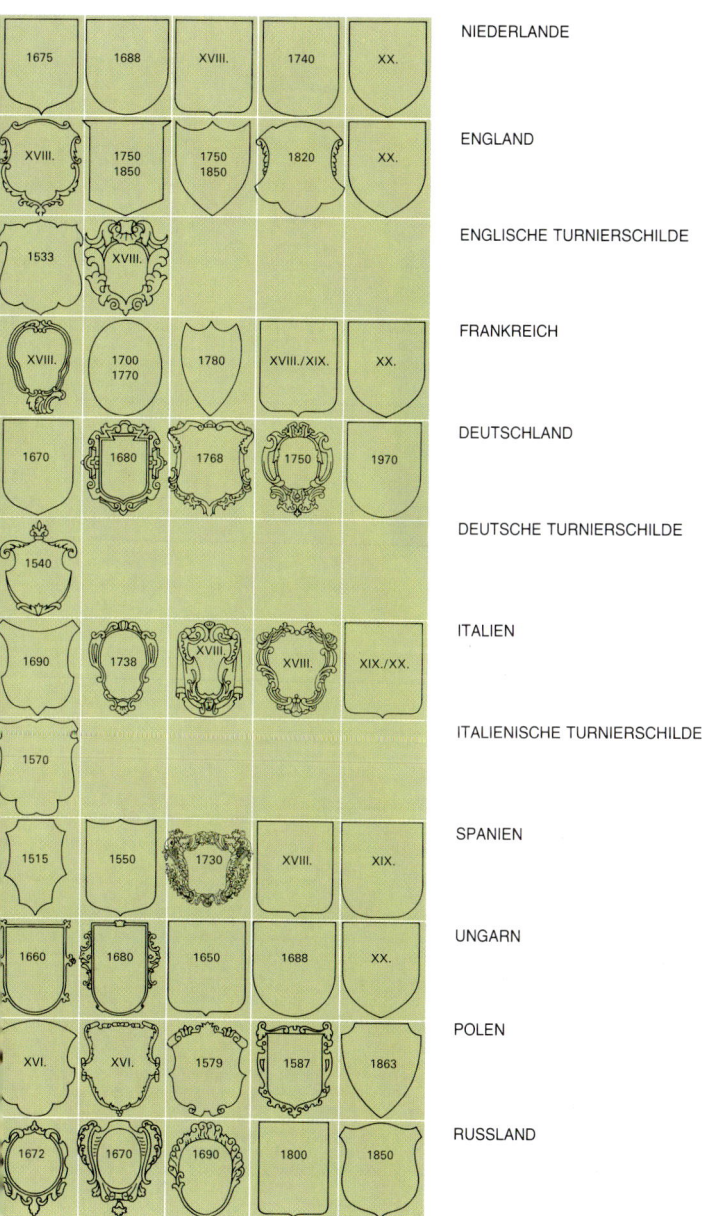

Das Zeichen

Wenige Wörter haben so viele Bedeutungen wie das Wort »Zeichen«; dies gilt für alle Sprachen unseres Kulturkreises und weit darüber hinaus. Zeichen können kurzlebig oder dauerhaft, akustisch, optisch, zweidimensional oder dreidimensional sein. Zeichen sind die Verständigungsmittel der Menschen untereinander. Am beständigsten sind in oder auf festem Material angebrachte Objekte. Sie geben dem Menschen die Möglichkeit, seine eigene Vergänglichkeit zu überwinden und spätere Generationen an seinen Erfahrungen teilhaben zu lassen.

Zu den ältesten Zeichen gehören die Zahlen. Nicht nur durch überlieferbare Schriftzeichen und Ziffern, sondern auch mittels der Zei-

Totempfahl eingeborener Eskimos in Alaska, »Tlingit« (Volk), eine Stammesgemeinschaft, durch Adler und Biber symbolisierend.

Zu Beginn der Neuzeit breitete sich in England die Sitte aus, in zahllosen Feldern die Wappen zusammenzustellen, die einem durch Heiraten von Vorfahren mit Erbtöchtern zugefallen waren.

chensprache lassen sich Mengen mitteilen. Vom bildlichen Ausdruck ausgehend, führt die Entwicklung über die Ziffer schließlich zum sprachlich gebundenen und schriftlich fixierbaren Zahlwort.

Alle Schriften sind letztlich aus Bildern entstanden, selbst die Keilschrift, die wegen ihrer Umständlichkeit aber im letzten Jahrtausend vor Christus von dem flexibleren phönizisch-griechisch-römischen Alphabet vollkommen verdrängt worden ist, das aber auch auf eine Bildzeichenschrift zurückgeht.

Unendlich groß ist die Zahl der Schriftsysteme, und selbst in neuester Zeit haben sich Laut- oder Buchstabenschriften noch nicht überall durchgesetzt.

Die Buchstabenschrift setzt eine Übereinstimmung darüber voraus, wie die einzelnen Buchstaben phonetisch umzusetzen sind.

Die gegenläufige Tendenz, also die Bevorzugung der Bildersprache, wird sogar wieder stärker. Jedermann in jedem Lande kennt und erkennt die wortlosen Zeichen, die sogenannten Piktogramme für »Herren« und »Damen«, für »Nichtraucher«, für Parkerlaubnis und Parkverbot, für Vorfahrtsgebot und -verbot. Manches muß man von Amts wegen lernen, ehe man einen Wagen lenken darf, was etwa die Hälfte der Menschen in zivilisierten Ländern tut, und sogar Analphabeten praktizieren. Der Vorteil der Bildersprache und -schrift liegt darin, daß die Kenntnis der gesprochenen Sprache unnötig wird und sich jedermann in der Fremde zurechtfinden kann. Um mit Menschen in Kontakt zu kommen, bedarf es der gesprochenen Sprache auch weiterhin.

Immer noch gibt es große Teile der Welt, in denen das Zeichen von der Buchstabenschrift nicht vollends verdrängt werden kann: in dem chinesischen Riesenreich mit all seinen Ausstrahlungen.

Die alten Germanen gaben ihren »Runen« genannten Buchstaben Namen, mit denen man sie unmißverständlich bezeichnen konnte, wie man es heute am Telephon versucht, wenn man »C wie Cäsar« sagt. Die Runen wurden außerdem

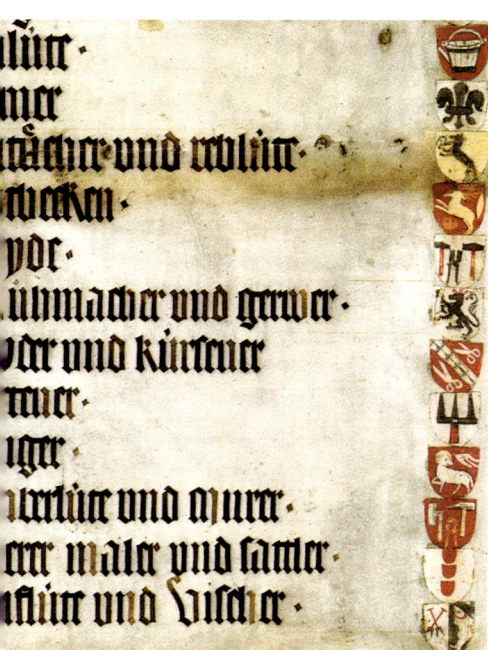

Die Wirkung eines Zeichens beruht auf Gedankenassoziationen. Graphische Zeichen dienten seit jeher zur Kennzeichnung und Kundbarmachung von Eigentum (»Brandzeichen«, *oben*); Ausschnitt aus der Wachtordnung der Zünfte von Basel, 1415 *(links)*; mit der Erfindung des Papiers entstanden die ersten »Wasserzeichen«, zur Ursprungs- und Qualitätsbezeichnung dieses höchst kostbaren Gutes *(ganz links);* Warenzeichen einer Kaufmannschaft zu Nürnberg, um 1500 *(unten).*

auch zur Weissagung herangezogen und erlebten, nachdem sie lange nur noch Gelehrte interessiert hatten, im zwanzigsten Jahrhundert im Zuge germanischer Ideal- und Wahnvorstellungen eine neue Scheinblüte, gefördert mit den sogenannten »Hausmarken«, bei denen wenige Striche ausreichen, um eine Marke von der anderen zu unterscheiden. Die große Zahl von aus dem Mittelalter überlieferten Listen und Übersichten läßt erkennen, wie ganze Berufsgruppen, Steinmetzen, Fischer, Kaufleute und auch Dorfgemeinschaften solche Zeichen zur Kenntlichmachung ihrer Werkstücke, ihres Handwerkszeugs, ihrer Ackergeräte oder ihrer Waren vereinbarten, damit innerhalb eines bestimmten Gebietes Verwechslungen vermieden wurden.

FARBEN UND MUSTERUNGEN

GOLD=GELB=OR

Planet: Sonne. Edelstein: Topas. Symbolik: Verstand, Ansehen, Tugend, Hoheit. Schraffierung: Pünktchen

Für zahlreiche Wappen aus der Frühzeit kennen wir die Farben nur dank dem Sammeleifer der Verfertiger von Wappenrollen. In der Heraldik gibt es ebenso wenige Farben wie bei den Zeichen für den modernen Straßenverkehr, nämlich sechs: Gelb, Weiß, Rot, Blau, Schwarz und Grün, dazu selten auch Violett und Lila oder Purpur, eine dem Braun nahestehende Mischfarbe aus Rot und Blau.

Von der Zweckbestimmung der Wappen als Erkennungszeichen im kämpferischen Getümmel leiten sich auch die Grundregeln für die Gestaltung ab. In jedem Wappen muß wenigstens einmal Gold oder Silber vorkommen, beziehungsweise bei schlichter Ausführung Gelb oder Weiß.

BLAU=AZUR=AZURE

Planet: Jupiter. Edelstein: Saphir. Symbolik: Treue, Beständigkeit. Schraffierung: Waagerechte Linien

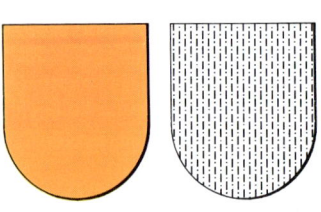

ORANGE

Planet, Edelstein und Symbolik: unbestimmt. Schraffierung: Rot-Linien und Gold-Punkte kombiniert

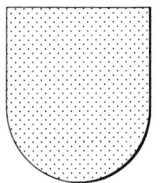 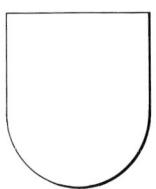 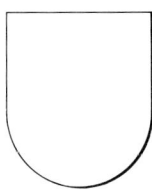

SILBER = WEISS = ARGENT

Planet: Mond. Edelstein: Perlen. Symbolik: Reinlichkeit, Weisheit, Unschuld, Keuschheit, Freude. Keine Schraffierung

ROT = GUEULES = GULES

Planet: Mars. Edelstein: Rubin. Symbolik: Dienst am Vaterland. Schraffierung: Senkrechte Linien

Die alten Herolde benannten die Farben auch nach Planeten und Edelsteinen. Die im späten 16. Jahrhundert erdachten Schraffierungen zur Kennzeichnung der Farben setzten sich von 1638 an durch.

 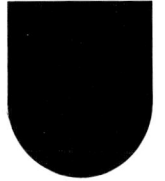 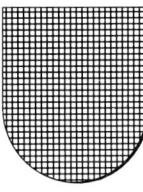

SCHWARZ = SABLE

Planet: Saturn. Edelstein: Diamant. Symbolik: Trauer. Schraffierung: Kombination der Linien für Rot und Blau

GRÜN = SINOPLE = VERT

Planet: Venus. Edelstein: Smaragd. Symbolik: Freiheit, Schönheit, Freude, Gesundheit, Hoffnung. Schraffierung: Schrägrechte Linien

PURPUR = POURPRE = PURPLE

Planet: Merkur. Edelstein: Amethyst. Symbolik: Landeshoheit. Schraffierung: Schräglinke Linien.

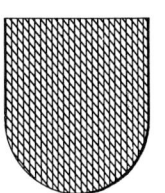

BRAUN = TANNÉ = TENNÉ

Statt Planet: Drachenhaupt. Edelstein: Hyazinth. Symbolik: Naturfarbe. Schraffierung: Kombination der Linien für Rot und Grün

Wegen der vollständigen Gleichsetzung von Gold mit Gelb und von Silber mit Weiß heißen Gelb und Weiß die »Metalle«, die mit den »Farben« abwechseln sollen. Die »Farben«, in der Reihenfolge ihres häufigsten Vorkommens aufgeführt, sind Rot, Blau, Schwarz und Grün. Sie können den Grund eines Schildes und die Farbe einer Figur bilden; dann sollen die übrigen Partien »Metall« aufweisen. Die Regel ist natürlich nicht in voller Strenge anwendbar, wenn ein Wappen drei Farben aufweist, etwa bei »Halbgespalten und geteilt«, oder wenn die Figur eine Teilungslinie überdeckt, ohne in »verwechselten Farben« gehalten zu sein.

HERMELIN   GEGEN-HERMELIN

So ist eine gewisse Nachsicht am Platz, wenn Farbe an Farbe oder Metall an Metall grenzen, wie etwa bei der deutschen Bundesflagge, die oft als heraldisch fehlerhaft bezeichnet wird, weil in ihr die schwarze und die rote Bahn nebeneinander liegen und nicht durch das Gold getrennt werden. Für Fahnen und Flaggen treffen die heraldischen Regeln nur *cum grano salis* zu.

Eine Stoffmusterung ist in der eigentlichen Heraldik nicht von Bedeutung; bei mehr oder weniger prunkvoller Ausfertigung kann ein einfarbiger Grund gemustert, »da-

Bevor die heute üblichen Schraffierungen anstelle der Farben bei Schwarz-Weiß-Wiedergabe erdacht waren und sich in der Praxis durchgesetzt hatten, behandelte man gedruckte Wappenabbildungen, seien sie von Holzstöcken oder von Kupferplatten abgezogen, genauso wie Skizzen oder Vordrucke, in die man die Farben einmalen kann; man setzte kleine Buchstaben in oder, bei Raummangel, neben die betreffende Stelle, und zwar die Anfangsbuchstaben entsprechend dem Namen der Farbe in der Terminologie oder der Umgangssprache des betreffenden Landes. Schwarz ließ man meist entweder im Holzstock stehen oder deutete es – bei Kupferstichen – durch eine sehr enge Strichlage an. Hieraus sind in der Folgezeit sehr viele Irrtümer erwachsen.

masziert« sein, was in einer Blasonierung nicht erwähnt werden darf, da die Musterung dem Belieben des ausführenden Künstlers überlassen bleibt. Die Damaszierung kann zur reizvollen Belebung flachplastischer Schilde dienen.

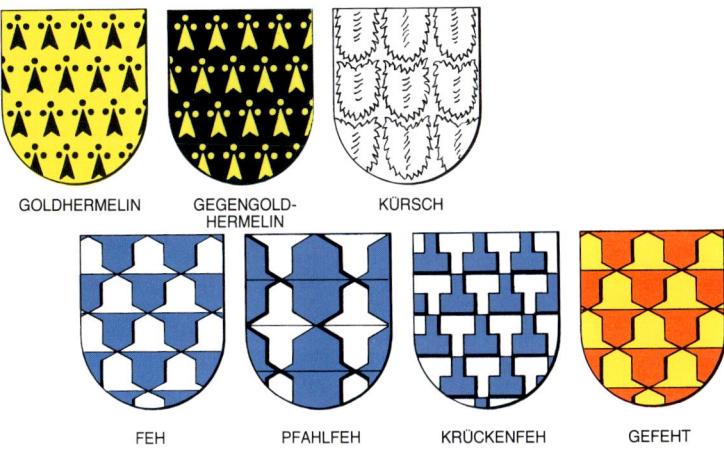

GOLDHERMELIN	GEGENGOLD-HERMELIN	KÜRSCH	
FEH	PFAHLFEH	KRÜCKENFEH	GEFEHT

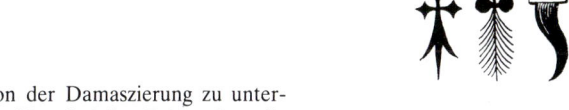

Von der Damaszierung zu unterscheiden sind die »Pelzwerke«, die strengeren Regeln unterliegen, vor allem das Hermelin und das Feh.

Die stilisierte Form des Hermelins geht darauf zurück, daß zur Befestigung eine Spange oder drei Stecknadeln dienten.

Im Mittelalter und in der frühen Neuzeit verband man mit den Farben Gefühlswerte. Es fällt auf, daß gewisse Farbstellungen von dieser und jener Volksgruppe bevorzugt oder gemieden werden.

Oben: Backsteine mit Wappen schweizerischer Geschlechter im Kloster St. Urban (Kanton Luzern), vermutlich kurz vor 1308.

HEROLDSSTÜCKE

Die Grundlage aller Blasonierungen ist eine einwandfreie Angabe, auf welche Weise der Wappenschild eingeteilt ist. Er kann entweder im ungeteilten Grunde eine Figur oder auch mehrere enthalten; dies sind Wappenbilder. Ist er mittels der »Schnitte« unterteilt, entstehen Heroldsstücke, die als Plätze für Figuren verfügbar werden.

SCHILDTOPOGRAPHIE

Die Einteilung eines Wappenschildes schafft »Plätze«, sofern es sich nicht um eine Zusammenfügung einzelner Wappen handelt (wie Seite 62); dann spricht man von »Feldern«.
Die Bezifferung wird traditionell von der Hauptstelle ausgehend angegeben:
1–3 Schildhaupt
4–6 Balkenstelle
7–9 Schildfuß
2–8 rechte Flanke
3–9 linke Flanke
1–7 Pfahlstelle
1 Hauptstelle
4 Herzstelle
Eine Placierung zwischen 4 und 7 trifft die Nabelstelle.
Die Bezifferung oben entspricht der »springenden« Reihenfolge.

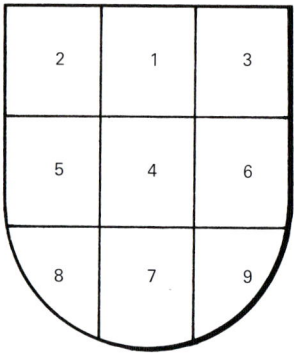

GESPALTEN    GETEILT

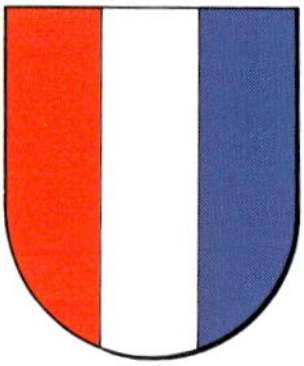

ZWEIMAL GESPALTEN    ZWEIMAL GETEILT

SCHILDHAUPT 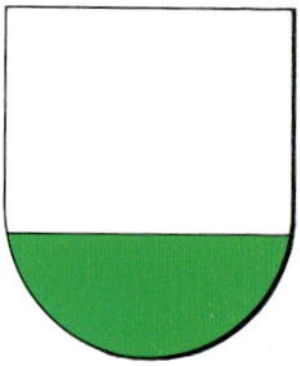   SCHILDFUSS

SCHRÄGRECHTS-BALKEN    SCHRÄGLINKS-BALKEN

INNENBORD    HALBGESPALTEN UND GETEILT

SCHRÄGRECHTS-GETEILT	SCHRÄGLINKS-GETEILT	GEVIERT QUADRIERT	SCHRÄGGEVIERT
PFAHL	BALKEN	GESCHACHT	NEUN-GESCHACHT
GESTÄNDERT	GERAUTET	KREUZ	SCHRÄGKREUZ ANDREASKREUZ
SPARREN	DEICHSELSCHNITT	FREIVIERTEL, OBERECK	SCHILDRAND

Die Trennung der Farben und Metalle geschieht durch »Schnitte«; das Ergebnis sind Herolds- oder Ehrenstücke, eine etwas mühselige Übersetzung des französischen Ausdrucks *pièces honorables*.

Der Phantasie sind kaum Grenzen gesetzt, die Schnitte zu variieren und zu kombinieren. Eine Einschränkung besteht in der Farbregel, wonach Farbe und Metall abwechseln sollen. Strenge Anwendung findet diese Regel nur bei dem Verbot, Farbe auf Farbe und Metall auf Metall zu legen; das Nebeneinander ist manchmal nicht zu

Rechts: Die Linien zur Unterteilung des Feldes dürfen auch gebogen oder geknickt sein. Die mittels derartiger Linien erzielten »Schnitte« haben zum großen Teil konventionelle Namen. In der Gegenwart haben moderne Gebrauchsgraphiker, besonders in Finnland, aus der Flora abgeleitete Schnitte entwickelt.

vermeiden, wenn etwa drei Felder aneinanderstoßen, wie beim Deichselschnitt. Außer dem oben gezeigten Beispiel (»Halbgespalten und geteilt«) gilt das auch für »Geteilt und halbgespalten«, »Halbgeteilt und gespalten« sowie »Gespalten und halbgeteilt«. Die

Wappen der Lords Baltimore, zusammengesetzt aus den Familienwappen Calvert im ersten und vierten Quartier und Crossland im zweiten und dritten Quartier.

meisten Heroldstücke haben konventionelle Namen, unter denen sie mit einer gewissen mathematischen Logik klassifiziert werden. Die Verdoppelung einer Teilungslinie, sowohl bei »Teilung« im engeren Sinne, als auch bei Spaltung ergibt bei nur zwei Farben einen Balken, beziehungsweise einen Pfahl. Kommen aber drei Farben vor, bleibt es bei »Teilung« oder »Spaltung«. Die Reihenfolge ist also: dreimal gespalten (Heroldsstücke); in zwei Pfähle (Heroldsbilder); fünfmal gespalten (Heroldsstücke); in drei Pfähle (Heroldsbilder); siebenmal gespalten (Heroldsstücke); in vier Pfähle (Heroldsbilder).

Als Beispiel der zahlreichen Kombinationsmöglichkeiten möge der mit einem schwarzen Sparren belegte silberne Pfahl in Rot des Schweizer Geschlechts von Erlach und daneben der Pfahl mit den drei Sparren für die Herren von Nidau dienen. Diese waren ein Zweig der Grafen von Neuenburg in der Schweiz. Alle Linien dieses Hauses führen mit drei Sparren belegte oder sechsmal gesparrte Pfähle, die Sparren schwarz auf goldenem Pfahl im roten Feld oder silbern auf rotem Pfahl im goldenen Grund. So unterschieden sich die Vettern einschließlich der Herren von Badenweiler im Schwarzwald; die Erlach mit dem einzelnen Sparren aber waren Neuenburger Vasallen.

Heroldsbilder, die neben sich Platz lassen, besonders Kreuze oder Sparren, können von kleinen Bildern begleitet sein; davon wird gerne Gebrauch gemacht. Vor allem in der französischen Heraldik sind Sparren zwischen drei Sternen so häufig, daß sie schon nicht mehr zur Identifizierung ausreichen.

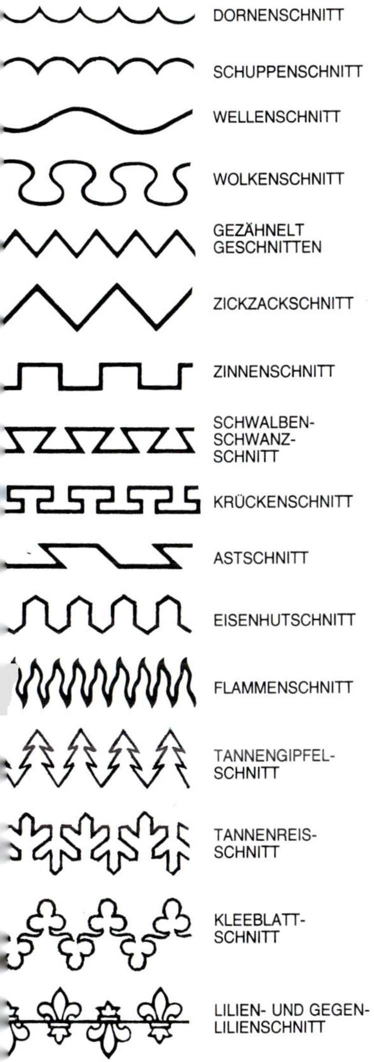

 DORNENSCHNITT

 SCHUPPENSCHNITT

 WELLENSCHNITT

 WOLKENSCHNITT

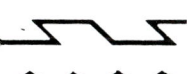 GEZÄHNELT GESCHNITTEN

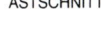 ZICKZACKSCHNITT

ZINNENSCHNITT

SCHWALBENSCHWANZSCHNITT

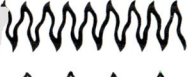 KRÜCKENSCHNITT

 ASTSCHNITT

 EISENHUTSCHNITT

FLAMMENSCHNITT

 TANNENGIPFELSCHNITT

TANNENREISSCHNITT

 KLEEBLATTSCHNITT

LILIEN- UND GEGENLILIENSCHNITT

Probe aus dem sogenannten Redinghovenschen Wappenbuch *(unten)* in der Bayerischen Staatsbibliothek, München, benannt nach dem Entdecker, dem Jülich-Bergischen Archivar Johann Gottfried Redinghoven († 1704). Es entstand vor 1440 und enthält vor allem süddeutsche Wappen, hier als Beispiele für »Heroldsstücke«.

Für die Wappenwissenschaft von unschätzbarem Wert ist die Arbeit eines Holländers, Jean-Baptiste Rietstap, der 116 000 Wappen aus den vor etwa hundert Jahren erreichbaren Wappenbüchern zusammengetragen und in perfekter französischer Kunstsprache zum Druck befördert hat. Seinem »Armorial général«, 1884 in Gouda erschienen, gab er einen mehrere Seiten und Bildtafeln umfassenden Vorspann bei, in dem die Fachausdrücke verbindlich erläutert und abgebildet und wenn irgend möglich mit Nachweis des Vorkommens dokumentiert sind.

1 Giebelloser Sparren;
2 Kantensparren;
3 Unterbrochener Sparren;
4 Zickzack-Querleiste;
5 Schrägbalken mit drei Sparren nach der Figur belegt;
6 Linkssparren;
7 Gestürzt-gesparrt.
8 Zwei zusammenstoßende Sparren;
9 Zwei verschränkte Sparren;
10 Drei verschränkte Sparren;
11 Gespalten und sparrengeteilt;
12 Zu 12 Plätzen gesparrt;
13 Mit einer Pfahlleiste verbundene Sparren;
14 Mittelspitze, überdeckt;
15 Durch Sparren geteilt;
16 Kreuz, in zwei Winkeln begleitet;
17 Schräggeviertes Kreuz;
18 Kreuz, von Sturzsparren überdeckt;
19 Zu neun Plätzen gestücktes Kreuz;
20 Nach der Figur geteiltes Kreuz;
21 Fehkreuz;
22 Am Pfahl bestecktes Kreuz;
23 Unten zugespitztes Kreuz;
24 Bewinkeltes schwebendes Kreuz;
25 Gegittertes Kreuz aus Zwillingsarmen;
26 Dornenkreuz;
27 Gezähneltes Kreuz;
28 Astkreuz (geastetes Kreuz);
29 Ankerkreuz;
30 Gesäumtes blaues Tatzenkreuz;
31 Eingerolltes Ankerkreuz;
32 Gabelkreuz;
33 Doppelschlangenkreuz;
34 Vierzackiger Stern, überdeckt;
35 Krückenkreuz;
36 Tatzenkreuz;
37 Vier Mandeln;
38 Schwebendes Tatzenkreuz;
39 Vier schwebende Tatzenkreuze;
40 Schlüsselkreuz;
41 Durchbrochenes Schlüsselkreuz;
42 Schwebende Krücke;
43 Schwebendes Doppelkreuz, der untere Querbalken abgewinkelt;
44 Mehrfach wiedergekrücktes Krückenkreuz;
45 Neun kreuzweise gestellte Kugeln;
46 Geschachtes Schrägkreuz;
47 Gestücktes Schrägkreuz;
48 Geständertes Schrägkreuz;
49 In zwei Reihen geschachter Schräglinksbalken, unterstützt;
50 Zwei Pfähle, überdeckt;
51 Ausgebogtes Schrägkreuz;
52 Neun schrägkreuzweise gestellte Würfel;
53 Deichsel;
54 Schwebende Deichsel;
55 Im Deichselschnitt geteilt;
56 Göpel;
57 Im Göpelschnitt geteilt;
58 Erniedrigte Spitze;
59 Spitze;
60 In golden-blau geteiltem Schilde eine Spitze in verwechselten Farben;
61 Eine Spitze in verwechselten Farben;
62 In Blau eine goldene eingebogene Spitze, belegt und begleitet;
63 Eine erniedrigte eingebogene Spitze, belegt mit einer Lilie.
64 In Rot drei silberne Balken, überdeckt von einem rechten und einem linken oberen Schrägeck;
65 In Rot auf grünem Hügel ein Geharnischter, begleitet von einem rechten und einem linken geschweiften oberen Schrägeck;
66 In Gold eine gestürzte rote Spitze, belegt mit einem silbernen Pfahl;
67 Gestürzte eingebogene Spitze;
68 In blau-silbern geteiltem Schilde eine anstoßende Raute in verwechselten Farben;
69 Keil;
70 Schrägspitze.

BLASONIERUNG

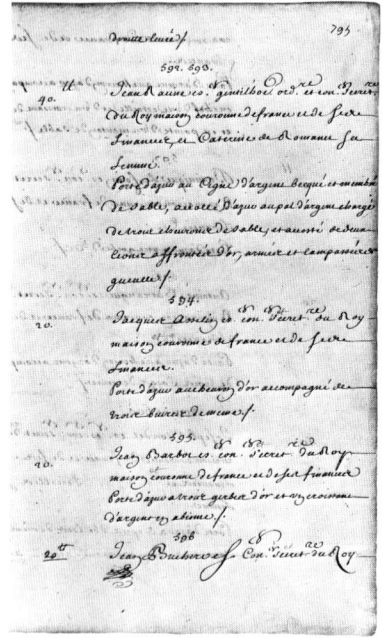

Von den neunundsechzig in der Bibliothèque Nationale zu Paris vorhandenen Registerbänden des »Armorial Général« enthält die eine Hälfte Abbildungen und die andere fachgemäße Beschreibungen (Blasonierungen). Hier eine Musterseite.

Eine fachgerechte Wappenbeschreibung wird Blasonierung genannt, ein Ausdruck, der vermutlich auf das deutsche Wort »Blasen« zurückgeht. Unter »Blasen« wäre die stimmgewaltige Beschreibung eines Wappens durch einen Herold zu verstehen. Das Wort in seiner heutigen Form ist ein Rückwanderer über das Französische, die Muttersprache der Heraldik, so wie z. B. auch ein Balkon eigentlich ein Balken ist. Technisch geht man bei einer Beschreibung folgendermaßen vor: Man beginnt mit dem Schild, der auch dann als Richtschnur dient, wenn ein unbekanntes Wappen zu identifizieren ist. Ist der Schild nicht unterteilt, gibt man seine Farbe an: In ... der und der Gegenstand oder das und das Heroldsbild. Die Farbe dieses Bildes wird als Adjektiv »gemeldet«. Ist der Schild unterteilt, entstehen »Plätze«: haben die Abteilungen eigene Bedeutungen, werden die »Plätze« zu »Feldern«, die mit einfachen Ziffern bezeichnet werden. Die Bedeutungen der Felder gibt man bekannt, wenn man sie selbst kennt. Als nächstes folgt der Helm mit Helmdecken und Helmzier, sofern vorhanden, dann die Prunkstücke, zunächst die dem Schild am nächststehenden, dann nach außen fortschreitend.

SAN MARINO

Das Wappen der Republik San Marino wurde am 6. April 1862 gesetzlich festgelegt. Es zeigt in Blau auf drei grünen Felsgipfeln (Monte Titano) je einen mit einer silbernen Straußenfeder besetzten silbernen Zinnenturm mit schwarzem Tor und Fensteröffnung.
Auf dem von einer herzförmigen Kartusche eingerahmten Schild ruht eine dreibügelige Souveränitätskrone mit halbhohem purpurnen Futter. Der Schild ist umgeben von zwei unten gekreuzten Laubzweigen, *rechts* Olive, *links* Eiche. Auf dem unten angebrachten flatternden weißen Spruchband steht die goldene Inschrift LIBERTAS (Freiheit).

DÄNEMARK

Das nach der Thronbesteigung und dem Verzicht der Königin Margarethe II. auf die deutschen Erbtitel am 5. Juli 1972 festgesetzte königliche Wappen ist durch ein rotgerändertes silbernes Kreuz (Danebrogskreuz) geviert; 1) und 4) in Gold drei von neun roten Herzen begleitete goldengekrönte, rotbewehrte und -gezungte blaue schreitende Löwen (Dänemark), 2) in Gold zwei blaue schreitende Löwen (Schleswig), 3) geteilt und halbgespalten, a) in Blau drei (2, 1) goldene Kronen (Kalmarer Union), b) in Blau ein stehender silberner Widder (Färöer), in Blau ein aufrecht hockender silberner Eisbär (Grönland).
Den auf einer Marmorplatte stehenden Schild halten zwei um Haupt und Lenden mit Eichenlaub umkränzte Wilde Männer, mit den äußeren Händen eine naturfarbene Keule ergreifend. Das Ganze steht unter einem hermelingefütterten purpurnen mit goldenen Quastenschnüren hochgebundenen Wappenmantel, der aus der dänischen Königskrone herabfällt.

VEREINIGTES KÖNIGREICH VON GROSSBRITANNIEN UND NORDIRLAND

Seit 1837 unverändert: Geviert, 1) und 4) in Rot drei blaubewehrte und -gezungte goldene schreitende hersehende Löwen (England), 2) in Gold innerhalb roten doppelten Lilienbordes ein blaubewehrter und -gezungter springender roter Löwe (Schottland), 3) in Blau eine mit silbernen Saiten bespannte goldene Harfe (Irland).
Auf dem Schild ruht ein goldener Königshelm mit goldenhermelinenen Decken und der Helmzier: Auf der britischen Reichskrone stehend ein Löwe wie in Feld 1) und 4), aber rotbewehrt und -gezungt und mit der britischen Reichskrone gekrönt. Der Schild ist umschlungen vom Knieband des Hosenbandordens; als Schildhalter dienen rechts ein mit der britischen Reichskrone gekrönter rotbewehrter und -gezungter goldener hersehender Löwe (England) und links ein golden halsgekröntes, goldenbemähntes und gehuftes silbernes Einhorn, von einer goldenen Kette umschlungen. Der Schild steht auf einem Rasenpostament, das mit den heraldischen Blumen des Vereinigten Königreichs belegt ist, einer silberngefüllten roten Rose (England), einer naturfarbenen Distel (Schottland) und einem Sauerkleeblatt (Irland), sowie mit einem goldengeränderten blauen Spruchband mit der Inschrift DIEU ET MON DROIT (Gott und mein Recht).

BEIZEICHEN
GNADENZEICHEN
PARTEIABZEICHEN

Der ursprünglich das Wappenwesen bestimmende Gesichtspunkt, daß ein Wappen die Person eindeutig kennzeichnen müsse, wobei auch die Zugehörigkeit zu einem bestimmten Geschlecht wichtig war, führte zu der Sitte, Beizeichen (franz. *Brisures*) zu schaffen, die unter Beibehaltung des Gesamteindrucks den Wappenschild geringfügig veränderten. Hier entwickelten sich gewisse Gewohnheiten. In manchen Gebieten dienten nen noch üblich ist, am vollkommensten angewandt im Königshaus.

Das System eines speziellen Turnierkragens für jedes Familienmitglied geht in England ununterbrochen bis in die Zeit König Heinrichs III. (reg. 1216–1272) zurück, dessen Nachfolger als Prinz ein solches Beizeichen auf den Schild von England legte. Anfänglich lag in der Ausgestaltung dieser Beizeichen, für die es bis um 1700 keinen

Die Beizeichen für den 2. bis 10. Sohn (Halbmond, Sternchen, Merlette, Ring, Lilie, Rose, Mühleisenkreuz, Anker und Achtblatt) können auch aufeinander gelegt werden. Ein kompliziertes System, das immer mehr außer Gebrauch gerät.

Rechts: Grundsätzlich erhalten britische Königskinder einen silbernen Turnierkragen mit drei Lätzen, auf denen bestimmte kleine Symbole in symmetrischer Anordnung eingefügt werden.

CHARLES   ANNE   ANDREW

auch die Helmzierden zur Differenzierung der Person und davon ausgehend ihrer Linie. Großbritannien ist das einzige Land der Welt, in dem das klassische Verfahren der Abänderung eines Stammwappens für Einzelpersonen deutschen Fachausdruck gab, kein System; sie waren aber – wohl aus optischen Gründen – fast immer weiß und mit Figürchen belegt. Auf die Zahl der Lätze kam es nicht an.

Zwei Beispiele von Gnadenzeichen aus Belgien: der Löwe aus dem Staatswappen *(links)* und die Namensbuchstaben des Königs Leopold III.

Die Differenzierung der prinzlichen Wappen erstreckt sich auch auf die Schildhalter, denen die entsprechenden Turnierkragen auf die Schulter gelegt werden. Bei prinzlichen Wappen muß auch ein ausgeklügeltes System von Rangkronen beachtet werden, die den Generationenabstand von einem Souverän erkennen lassen.

Von den der Differenzierung der Angehörigen eines Geschlechts dienenden Beizeichen sind die Gnadenzeichen zu unterscheiden. In fast allen Ländern, vor allem in monarchisch regierten, werden vielfach feierliche Anlässe benutzt, um verdienten Personen, aber auch Kommunen zusätzliche Zeichen zu verleihen, die meistens aus

Rechts: Wappen des berühmten Diplomaten und Staatsmannes Charles Maurice Talleyrand de Périgord, Prince de Bénévent (2. 2. 1754–17. 5. 1838). Schildhaupt, Kaiseradler, Stammwappen, Eber von Bénévent, Kette der Grand aigles der Ehrenlegion, Wappenmantel mit Fürstenkrone.

Unten: Die Ritter des Ordens der Ehrenlegion setzten ihr Ordenskreuz auf ein rotes Gnadenzeichen. Den napoleonischen Grafen und Baronen diente das Freiviertel zur Placierung ihres Personalabzeichens.

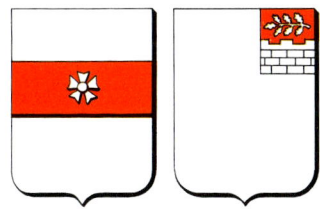

dem staatlichen Hoheitszeichen entwickelt und in einem Schildhaupt oder einem Freiviertel untergebracht werden.

DAS TYPISCHE AM HERALDISCHEN STIL

In der Blütezeit der Heraldik, zwischen etwa 1150 und 1500, sind Verstöße gegen die territorial und personal bestimmten Stilregeln höchst selten.
Von links nach rechts: Die älteste sorgfältige Darstellung des Wappens des Königreichs Böhmen, 1330. Schematische Zeichnung des gleichen Wappens aus der Wappenrolle von Zürich um 1340. Darstellung im flämischen Stil des Herolds Gelre (um 1380); der Löwe ist stark ornamental, geradezu grotesk stilisiert. Verkleinerte Abbildung nach dem Wappenbuch des Konrad Grünenberg, Konstanz 1483. Vergrößerte Abbildung nach dem Wappenbuch des Virgil Solis, 1555; die Ordenskette ist die vom Goldenen Vlies. Der König von Böhmen war damals gleichzeitig Ritter dieses Ordens.

Vor der eigentlichen Heraldik gab es nur das Wissen von Zeichen, die allgemein als Erkennungsmerkmale dienen konnten. Im Rahmen dieser Funktion entwickelten sich bestimmte Gewohnheiten, alle von einer Darstellungsart geprägt, dem heraldischen Stil. Dieser wird ein hervorstechendes Merkmal der Heraldik. Man versteht darunter eine Darstellungsweise, die zwar ziemlich strengen Regeln unterliegt, innerhalb deren aber doch recht flexibel ist.

Die Strenge resultiert aus den Notwendigkeiten, denen die Heraldik überhaupt ihre Entstehung verdankt, nämlich dem Erfordernis der Erkennbarkeit aus größerer

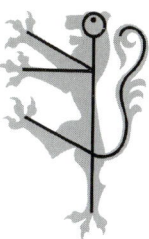 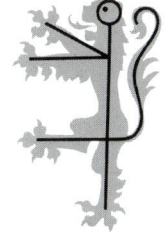 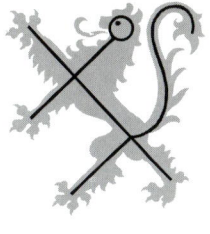

Mit dem Löwenkörper als Symmetrieachse und dem stark ausgebildeten Schwanz im Gegengewicht zu den nach vorne gestreckten Beinen erstrebt die Stilisierung des Löwen anfänglich das Strenge und Aufrechte in seiner Haltung zu betonen.

Die mit der Verbreitung des Schildes einsetzende Veränderung in der Anordnung der Gliedmaßen ist nur beim inneren (rechten) Hinterbein auffällig, das nun ziemlich waagerecht vorgestreckt wird.

In der späteren Gotik wird die Raumausfüllung wichtiger als die aufrechte Haltung des Löwen; die Körperachse neigt sich bis beinahe in die Waagerechte. Der Schwanz ist häufig nach außen gekrümmt.

Entfernung und der raschen optischen Auffassung bei großer Geschwindigkeit. Beide Forderungen bestimmen bis in die Gegenwart die Schaffung von Nationalflaggen wie von Verkehrszeichen; die unmittelbare Wirkung wird zunächst vom Kontrast zwischen hellen und dunklen Farben herbeigeführt. Hinzu kommt aber, daß die Gegenüberstellung von Farbflächen nicht lange ausreicht, um die notwendigen Unterscheidungen zu gewährleisten, so daß auch Bilder herangezogen werden müssen, deren Wirkung auf ihrer Silhouette beruht. Hier tritt der heraldische Stil am deutlichsten zutage. Eine seiner Forderungen besteht darin, daß die Figuren den verfügbaren Platz so weit wie möglich ausfüllen sollen, wobei die Begabung der

Wappenmaler sich besonders dann manifestiert, wenn sie nicht nur die Silhouette selbst, sondern auch die Gegenformen, die aus den Feldfarben gebildet werden, zu berücksichtigen verstehen, teils durch deren Umriß, teils durch deren Musterung. Gerade die dem Künstler vollkommen anheimgestellte Grundmusterung, die in einer »Blasonierung«, der fachlichen Beschreibung, normalerweise nicht zu erwähnen ist, bildet ein besonders belebendes Element des heraldischen Stils, mit dem seine Strenge oft höchst geschmackvoll aufgelockert wird. Aus diesem Grunde kann eine solche, »Damaszierung« genannte Musterung ein kunsthistorisch wichtiges Element der Stilkritik bilden.

auszugehen, das ungefähr dem mittelalterlichen dreieckigen Reiterschild entspricht. Die nächste Grundform ist das Rechteck.
Die Anpassung der Wappenbilder an die Gestalt des Grundfeldes geht sehr weit, und gerade die allerhäufigsten Wappenbilder werden zu diesem Zweck in einer Weise verfremdet, die immer weitere Steigerungen zuläßt, wie die Bilder vom böhmischen Löwen und von den Adlern zeigen. Zur Verfremdung gehört auch eines der Kennzeichen des heraldischen Stils, nämlich die abweichende Farbgebung der »Bewehrung«. Die Krallen des Löwen, die Fänge und der Schnabel des Adlers, aber auch die Stangen des Hirsches und die Hufe und Hörner anderer Tiere können

Wappen eines englischen Lords um 1390 vor dem Kirchenstuhl, den er als Ritter des Ordens vom Hosenband einnahm. Typisch für englische Wappen dieser Zeit ist das Übergewicht des Helms mit seiner Helmzier.

Typisch für die polnische Heraldik ist zweierlei: 1. Die Mehrzahl der alten Wappen enthält strichförmige Figuren. 2. Mehrere Familien können das gleiche Wappen führen, ohne daß eine Verwandtschaft bekannt wäre.

Die für ein Wappenbild verfügbaren Felder können von sehr verschiedener Gestalt sein. Entwicklungsgeschichtlich ist aber immer von einem dreieckigen Grundfeld

abweichend koloriert werden, sogar nach bestimmten Farbregeln.
Die plastischen Kreuze entwickelten mit dem Zeitstil einhergehende Formen, was sich vor allem an ei-

Wappen eines mitteleuropäischen Adelsgeschlechts um 1400. Die schlanken Rümpfe von Tieren (auch von Menschen) sind für die deutsche Heraldik typisch.

Wappen eines englischen Geschlechts um 1550, das in seinen Seitenlinien das gleiche Wappen mit verschiedenen Farbstellungen führt. Der Helm hat mit dem aufrecht stehenden Schild keine Berührung.

In Italien hat sich die Tartsche am längsten als heraldischer Schild und Bestandteil eines Vollwappens erhalten, obwohl gerade in diesem Land am deutlichsten zwischen Schild *(scudo)* und Tartsche *(targa)* unterschieden wurde.

ner Facettierung der Arme, noch mehr aber an einer Verbreiterung der Armenden zeigt, die stark an ähnlich gestaltete Buchstaben erinnern. Hinzu kommt eine Vermehrung der Querarme, die mit hierarchischen Stufungen gekoppelt werden. Die flachen Kreuze reichen grundsätzlich bis an den Rand des Untergrundes, während die plastischen Kreuze, da ja freistehend, in der Ornamentierung der Armenden große Vielfalt entwickeln können, die auch bei flachen Kreuzen möglich ist.

In England wird darauf strenger geachtet als anderswo; daher haben die Löwen im Wappen von England – folglich auch von Kanada –, golden wie sie sind, im roten Felde blaue Krallen und Zungen; stehen sie aber frei auf dem Helm, sind Zungen und Krallen rot. Die Farbregel, wonach Metall nicht auf Metall und Farbe nicht auf Farbe liegen darf, kann auch in England nicht gelten, wenn sie überhaupt nicht angewandt werden kann; das ist z. B. der Fall, wenn ein goldener Löwe ein rot-blau gespaltenes Feld überdeckt. Das Nebeneinander von Farbe und Farbe ist nicht so schlimm wie »aufeinander«; durch die hinzutretende überdeckende Figur liegt überhaupt kein Regelverstoß mehr vor. Die im Wort »Rätselwappen« für farbregelverletzende Wappen liegende Aufforderung, der Lösung des »Rätsels« nachzuforschen, ist dann also zu überhören. Die Farbregeln selbst sind schon in der Frühzeit der Heraldik beachtet worden; sind sie doch sachlich wohl begründet. Erst das Ende der Blütezeit der Heraldik um 1500 bringt da Aufweichungen, u. a. mit dem Vordringen der Darstellung in Naturfarben – die es aber auch schon früher gab. Die Jahrhundertwende um 1500 markiert überhaupt eine Krise der Heraldik, verursacht durch den Wegfall der waffentechnischen Voraussetzungen. Selbst ein so bedeutender Künstler wie Albrecht Dürer hat sich mit dem Problem beschäftigt, wie der auf Flächenwirkung abgestellte heraldische Stil zu vereinbaren sei mit einer Kunstauffassung, die eine getreue Wiedergabe natürlicher Eigenschaften anstrebte. Am deutlichsten wird diese Problematik an der Gestaltung des häufigsten Wap-

Rechts: Der Unterschied zwischen einer natürlichen Blüte und einer heraldischen gleichen Namens kann so groß werden, daß die Ableitung der heraldischen aus der natürlichen Lilie nicht unbezweifelt blieb.

Wappen eines Conquistador (*oben*), das Kaiser Karl V., als König von Spanien Karl I., 1546 verliehen hat. Die den Eroberern Südamerikas verliehenen Wappen kennzeichnen in Erfindung und graphischer Gestaltung den Verfall der vordem hochkultivierten spanischen Heraldik.

Links: Wappen des Papstes Pius II., 1458–1464. Das aus dem Formwillen der Renaissance heraus erklärbare Streben nach Symmetrie schafft die sog. Roßstirnschilde. Auf diesen wirkt eine Krone gefälliger als ein Helm mit Helmzier.

Rechts: Wappen eines Oberhauptes *(Chefs)* eines portugiesischen Geschlechts um 1500. Die Auffassung, daß jedes Wappen eine bestimmte Person zu bezeichnen habe, hat sich in Portugal über das Ende des Mittelalters hinaus erhalten.

Unten: Die angeblich »ältesten Wappen der Welt«, wie sie von Wappensammlung zu Wappensammlung fortgeschleppt und dem jeweiligen Zeitstil angepaßt wurden. *Oben* nach dem Konziliumbuch von Konstanz (1414–1418), *unten* im Wappenbüchlein des Virgil Solis, Nürnberg 1555.

pentieres, des Löwen, der im 19. Jahrhundert seinem Vetter im zoologischen Garten oder aber einem gutgeschorenen Pudel immer ähnlicher wurde. Eine Rückbesinnung auf die klassischen Formen der Gotik ging einher mit dem Aufblühen des Interesses an »vaterländischen« Studien, mit dem Erfolg, daß nunmehr – bis in unsere Tage

– der gotische Stil überwertet wird, und dies in aller Welt. Hierbei darf nicht übersehen werden, daß der gotische Stil des einen Landes mit dem eines andern nicht identisch zu sein braucht, der heraldische schon gar nicht. Die nationalen Eigentümlichkeiten springen dem Kenner meist klar in die Augen. Sie können sich auf die Auswahl und Gestaltung des Schildinhalts und seiner Figuren beziehen, besonders deutlich aber werden in der äußeren Ornamentik. Hierbei spielen die Formen des Helmes und mehr noch der Helmdecken eine entscheidende Rolle, solange sie überhaupt als Wappenbestandteile nicht vernachlässigt werden. Diese vor allem in den romanischen Ländern zu beobachtende Vernachlässigung ist eine Folge des Renaissancestils, dessen architektonisch orientierten Formen dem Gebrauch der Kronen, dann der Rangkronen Vorschub leisten.

Der Schild ist, wie gesagt, der wichtigste Teil eines Wappens; alle nicht auf Namen gestützten Registrierungssysteme sind daher nach dem Schildinhalt geordnet. Dieses Prinzip wurde in den folgenden Seiten auf die Wappen aller selbständigen Staaten angewandt.

DAS KREUZ

Im Bereich der Christenheit kommt kein Wappenbild dem Kreuz an Würde gleich; ist es doch das erste gemeinsame Zeichen, unter dem sich das Abendland gruppierte, und zwar anfangs, als der erste Kreuzzug ausgerufen wurde, ohne daß einer bestimmten Farbe entscheidende Bedeutung beigemessen worden wäre. Nicht einmal die Gestalt desjenigen Kreuzes, zu dem die Christenheit vorher aufgeschaut hatte, ist genau bekanntgeworden.

Man kann auch nicht mit Sicherheit sagen, daß das berühmte Siegeszeichen, dem Kaiser Konstantin in die Schlacht an der Milvischen Brücke folgte, im eigentlichen Sinne ein Kreuz oder gar das Kreuz von Christi Marter gewesen sei. Seine amtliche Beschreibung, mit der die Soldaten des siegreichen Kaisers darüber unterrichtet wurden, welches Muster sie nunmehr auf ihre Schilde zu malen hätten, bietet eine technische Konstruktionsanweisung für Leute, denen das künftige Hoheitszeichen unbekannt war. Es bestand demnach auch nicht aus einem Kreuz, sondern aus zwei Buchstaben, von denen der eine wenigstens aus zwei gekreuzten Schäften besteht, wenn

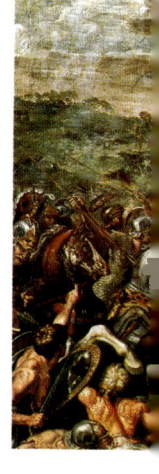

Flagge des byzantinischen Kaisertums nach einer Hauptquelle für die Kenntnis der Flaggen des 14. Jahrhunderts, dem *Conoscimiento de todos los Reinos*. Diese Flagge der Kaiser von Konstantinopel besteht aus der Kombination des Georgskreuzes (rot auf weißem Grund) mit dem Wappen des Herrschergeschlechts der Paläologen. Die vier Gegenstände in den Kreuzwinkeln gelten als Feuerstähle wie in der Emblematik des Ordens vom Goldenen Vlies oder als die griechischen Buchstaben »B«.

Der auferstehende Christus mit der Kreuzesfahne in den Farben Weiß und Rot, die ihm in der Kunst als Siegeszeichen beigegeben wird.

Aus der Schule des Raffael: Ausrüstung des Heeres mit kreuzbesetzten Standarten neben dem Labarum zur Schlacht an der Milvischen Brücke, 312 n. Chr.

dies Kreuz auch schräg liegt und nicht das Bild des aufrechten Kreuzes wiedergibt. Dennoch ist in der Folgezeit die echte Kreuzform auch in der Gestaltung des Christusmonogramms eingedrungen. Immerhin steht fest, daß seit Konstantins Sieg über Maxentius 312 n. Chr. eine altrömische Tuchfahne, das *Labarum*, als Reichsstandarte galt und mit dem Christusmonogramm versehen war, sei es am Stangenende, sei es auf dem Tuch. Viele Münzen der Kaiser, die das Christentum als Staatsreligion anerkannten, beweisen das.

56 ARTEN VON HERALDISCHEN KREUZEN

1. Durchgehendes Kreuz
2. Fadenkreuz
3. Geteiltes Kreuz
4. Gespaltenes Kreuz
5. Geviertes Kreuz
6. Geständertes Kreuz
7. Zu 16 Plätzen geständertes Kreuz
8. Facettiertes Kreuz
9. Geschachtes Kreuz
10. Gegittertes Kreuz
11. Gesäumtes Kreuz
12. Innenbordiertes Kreuz
13. Ausgebrochenes Kreuz
14. Schräg- oder Andreas-Kreuz
15. Schwebendes Kreuz
16. Schwebendes Schrägkreuz
17. Lateinisches oder Hochkreuz
18. Doppelkreuz
19. Patriarchenkreuz
20. Dreifaches Kreuz
21. Russisches Kreuz
22. Tatzenkreuz
23. Getatztes Kreuz
24. Schwebendes Tatzenkreuz
25. Krückenkreuz
26. Jerusalemkreuz
27. Schwebendes Wiederkreuz
28. Stufenendiges Kreuz
29. Stufenkreuz
30. Ankerkreuz
31. Eingerolltes Ankerkreuz
32. Mühleisenkreuz
33. Johanniter- oder Malteserkreuz
34. Lilienkreuz
35. Iberisches Ordensritterkreuz
36. Doppelschlangenkreuz
37. Gabelkreuz
38. Endspitzkreuz
39. Kleeblatt- oder Mauritiuskreuz
40. Kugelkreuz
41. Beknopftes Schlüsselkreuz
42. Beknopftes, durchbrochenes Schlüsselkreuz (Tolosaner Kreuz)
43. Pfeilspitzkreuz
44. Fußspitztatzenkreuz
45. An den Enden einmal eingekerbtes Kreuz
46. Gezähntes Kreuz
47. Dornenkreuz
48. Lappenkreuz
49. Wechselzinnenkreuz
50. Gegenzinnenkreuz
51. Astkreuz
52. Gegenastkreuz
53. Knorrenkreuz
54. Wellenkreuz
55. Schräggelegtes schwebendes Swastika
56. Anstoßendes aufrechtes Swastika

78

DER UNION JACK

Zu Beginn des 15. Jahrhunderts setzte sich in England der Kult des heiligen Georgs mit der Nebenwirkung durch, daß das ihm als Schutzpatron der Ritterschaft zugeschriebene Wappen, ein rotes Kreuz auf weißem Grunde, als Nationalabzeichen der Engländer, die es im Kampfe als Abzeichen zu tragen hatten, zur Nationalflagge Englands wurde, also zusätzlich zum königlichen Wappenbanner mit den drei Löwen. Für Schottland läßt sich eine parallel verlaufende Entwicklung sogar weiter zurückverfolgen. Der dortige Landespatron ist St. Andreas; sein

Marterwerkzeug, ein schräges Kreuz, gilt mindestens seit dem 12. Jahrhundert als Nationalabzeichen der Schotten, und weiß im blauen Felde. Die schrittweise Vereinigung beider Reiche seit 1603 drückte sich in einer Kombination beider Kreuze aus, zu denen 1801 das sog. Patricks-Kreuz (rot auf weißem Grund) für Irland hinzutrat, und zwar mit dem schottischen Schrägkreuz verschränkt.

1606 wurde das rote St.-Georgs-Kreuz (England) mit dem Schrägkreuz von St. Andreas (Schottland) zum ersten Union Jack verbun-

den. Infolge der Errichtung des »Vereinigten Königreichs Großbritannien und Irland« erscheint seit 1801 auch das Schrägkreuz des St. Patrick (Irland) im Union Jack.

DER DANEBROG

Danebrog, auf Dänisch übrigens Dannebrog geschrieben, wird die dänische Nationalflagge genannt; ob das Wort »Dänentuch« bedeutet, ist ungewiß. Das Tuch dieser Flagge ist rot und durch ein weißes Kreuz in vier Rechtecke unterteilt; im amtlichen Modell ist das Kreuz so nahe an die Stange gerückt, daß die Eckfelder am »Liek« quadratisch sind. Heraldisch ist dies ohne Belang. Unklarheit besteht auch über den Ursprung dieses Kreuzzeichens. Die Legende berichtet, in der Schlacht am 15. 6. 1219, mit der König Waldemar II. von Dänemark letzten Endes die heidni-

Ein Wappenschild im Wappenbuch des Herolds Gelre aus dem späten 14. Jahrhundert zeigt die älteste bekannte Abbildung des Danebrogs. Das weiße Kreuz auf rotem Grund wird seit mindestens 600 Jahre durchwegs als das dänische Hauptsymbol – ursprünglich als Kampffahne und später weithin zur See – gebraucht.

schen Esten besiegen konnte, sei dies nur dem Umstande zu verdanken gewesen, daß die vom Himmel gefallene, also von Gott gesandte Fahne, die hoffnungslos erscheinende Lage günstig gewendet habe. Vermutlich besteht der Kern der Geschichte darin, daß der Papst, wie auch anderswo bezeugt, zu einem missionarischen Christianisierungsfeldzug eine Kreuzfahne gesandt hatte.

DAS KREUZ IM STAATSWAPPEN

ISLAND ▷

Der Kreuzschild entspricht der am 1. 12. 1918 eingeführten Flagge; ihn halten die vier »Landwächter«.

◁ GRIECHENLAND

Unter dem christlichen Kreuz erkämpften die Griechen ab 1821 ihre Befreiung vom Islam; sie blieben ihm treu.

JAMAIKA ▷

In dem ältesten britischen Kolonialwappen liegen fünf Ananasfrüchte auf dem englischen St.-Georgs-Kreuz.

◁ SCHWEIZ

Das Kreuz des »Heiligen Reichs«, seit dem 14. Jahrhundert Bundeszeichen, ist seit 1815 Bundeswappen.

DOMINIKANISCHE REPUBLIK ▷

Eine Trophäe aus Fahnen, Lanzen, einem Kreuz und dem Evangelium überdeckt das Muster der Nationalflagge.

◁ FIJI (Fidschi)

Um das britische Georgskreuz gruppiert, stehen Zuckerrohr, Kokospalme, Friedenstaube und Bananenfrüchte.

GRENADA ▷

Zu des Entdeckers Kolumbus Schiff gesellen sich Löwe (Stärke der Nation) und Mariens Lilie im Halbmond.

◁ DOMINICA

Das Kreuz bedeutet den Entdeckungssonntag; fruchtbar sind Kokospalme und Bananenbaum, eßbar der Frosch.

SCHWEDEN ▷

Das schmale Kreuz trennt das jüngere Kronenwappen vom ältesten Löwenwappen, dem des Folkungergeschlechts.

◁ GHANA

Das Kreuz ist bewinkelt, oben von Hoheitszeichen (regionalen und zentralen), unten von Wohlstandssymbolen.

GEOMETRISCHE MUSTER UND ORNAMENTE

Die Möglichkeiten, Wappen einfach durch Einteilung des Schildes zu schaffen, sind natürlich begrenzt, vor allem im Vergleich mit der Vielzahl von Motiven, die aus unserer natürlichen Umgebung entnommen werden können. Aber, obwohl die Möglichkeiten, einfache geometrische Einteilungen vorzunehmen, beschränkt sind, ist ihr Gebrauch heute bei weitem noch nicht erschöpft. Im politischen Bereich sind sogar seit allerneuester Zeit trotz der allgemeinen Tendenz, naturalistische, unmittelbar deutbare Motive und Figuren

Der Holzkasten *(rechts)* konnte anhand eines der vier Wappenschilde auf eine Herkunft aus Pisa in der zweiten Hälfte des 13. Jahrhunderts bestimmt werden.

Links: Die Fahne des Herold der flämischen Herren von Gruthuyse besteht aus Heroldsstücken; Ausschnitt aus dem »Livre des Tournois« des Guten Königs René.

Auf den folgenden Seiten werden einige Beispiele gezeigt, beginnend mit einer Reihe von acht Staatswappen, von denen einige die Kunst der britischen Herolde widerspiegeln.

Darauf folgen acht Staatswappen, die auf der alten heraldischen Methode beruhen, einige bereits bestehende Wappen zu kombinieren. Unsere Auswahl zeigt nur Wappen, deren Feld in mehr als vier Quartiere aufgeteilt ist. Derartige Kombinationen können in verschiedener Weise gestaltet werden. Das neue Wappen kann echte alte Wappen vereinigen, wie bei Liechtenstein oder Kanada, oder heroldmäßige Embleme oder Abzeichen,

zu verwenden, mehrere Staatswappen mit geometrischen Einteilungen gemäß den gültigen heraldischen Regeln geschaffen worden.

Ganz unten: Exlibris eines deutschen Offiziers 1942, in der Art der Arlberger Bruderschaftsbücher. Entwurf Ottfried Neubecker.

wie in den Wappen von Australien oder Malaysia; oder es kann sogar verschiedene Symbole so kombinieren, als ob früher echte Wappen bestanden hätten, wie es im Fall von Neuseeland, Tonga, der Zentralafrikanischen Republik oder

auch Panama zu sehen ist. Echte »gevierte« Wappen (d. h. mit einem in vier Quartiere unterteilten Feld) sind so angeordnet, daß das erste Quartier vom Beschauer aus links oben steht, aber, weil der Schild vom Schildträger gesehen aus beschrieben wird, als »rechts« oben bezeichnet wird. An die geometrisch eingeteilten schließt sich auf den folgenden Seiten eine Gruppe von vier Wappen (Obervolta, Togo, Kap Verde sowie Afghanistan) an, bei denen örtliche Bezüge mehr als die heraldischen Regeln gegolten haben und das Hauptelement des Wappens aus Buchstaben oder Inschriften besteht.

GEOMETRISCHE MUSTER UND ORNAMENTE

KOREA (Süd) ▷

Das »T'ae-guk« (chinesisch Yin-Yang) verkörpert das alles beherrschende männliche und weibliche Prinzip.

◁ UNGARN

Alte Traditionen abschüttelnd, setzten die Ungarn 1956 nur noch die Nationalfarben in den Wappenschild.

MALTA ▷

An die Stelle des »gespaltenen« Schildes mit dem britischen Kriegsorden trat 1975 ein Boot in der Sonne.

◁ BAHRAIN

Das silberne Zackenschildhaupt über rotem Feld wurde in Anlehnung an die gültige Landesflagge gebildet.

TSCHAD ▷

Den siebenmal im Zickzack golden-blau geteilten Schild halten ein Mufflon »à manchettes« und ein Löwe.

NIGERIA ▷

Den Zusammenfluß der Ströme Niger (=Schwarz) und Benuë deutet die weiße Wellendeichsel in Schwarz an.

◁ ZAMBIA (Sambia)

Der Sambesi-Strom durchfließt schwarze Erde; Bergwerk, Zebra und Maiskolben stehen unter dem Schild.

LIECHTENSTEIN ▷

Die Wappen von Schlesien, Küenring, Troppau, Ostfriesland und Jägerndorf, und der fürstliche Herzschild.

◁ MONACO

Den silbern-rot, pfahlweise gerauteten Schild des Fürstenhauses Grimaldi halten zwei wehrhafte Mönche.

ZENTRALAFRIKANISCHE REPUBLIK ▷

Der in den Nationalfarben gevierte Schild enthält u. a. die schwarze Landkarte Afrikas im Herzschild.

◁ TONGA

»Gott und Tonga sind meine Erbschaft« bedeutet der Spruch unter dem Schild im viktorianischen Stil.

PANAMA ▷

Sinnbilder von Frieden und Fortschritt umrahmen den Isthmus im Schein der Abenddämmerung des 3. 11. 1903.

◁ KANADA

Das 1921 verliehene Wappen ergänzt das britische Wappen um die französischen Lilien und die Ahornblätter.

AUSTRALIEN ▷

Die Embleme der Teilstaaten Neusüdwales, Victoria, Queensland, Süd- und Westaustralien und Tasmanien.

◁ NEUSEELAND

Das 1911 verliehene Wappen vereinigt das Flaggenbild (Kreuz des Südens) mit Sinnbildern des Wohlstandes.

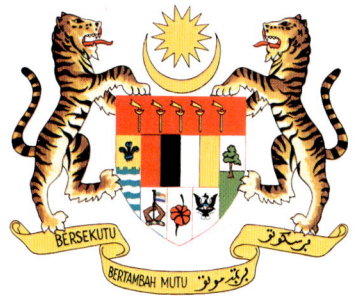

◁ MALAYSIA

Um die Farben der »Föderierten« Negri Sembilan, Pahang, Perak, Trengganu, die Embleme der übrigen Teile.

KAP VERDE ▷

Ein Stern überdeckt eine Hacke, ein Zahnrad, ein Buch und eine Inschrift über einer Muschel zwischen Mais.

◁ OBERVOLTA

Die Landesinitialen auf den Nationalfarben, die den Schwarzen, den Weißen und den Roten Volta-Fluß bedeuten.

AFGHANISTAN ▷

An die Stelle des Wortes »Volk« trat 1980 wieder eine Gebetsnische vor der Sonne.

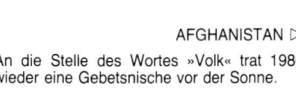

◁ TOGO

Zwei junge Löwen verteidigen den beflaggten Schild mit den Staatsinitialen der »République Togolaise«.

DER LÖWE

Vom Löwen weiß der *Physiologus* Erstaunliches zu berichten. Er beginnt seine Ausführungen »allererst von dem Löwen, wie seine Dinge gelegen sind«: er läßt den Stammvater Israels, Jakob, seinen Sohn Juda den Welpen der Löwen nennen, eine Art Prophezeiung, denn noch Jahrtausende später kursiert der Spruch »*Vicit leo ex tribu Juda*« (Gesiegt hat der Löwe aus dem Stamme Juda).
Dem Löwen werden Eigenschaften zugeschrieben, die ihn vor allen anderen Wesen auszeichnen. Die Welpen kämen, sagt der *Physiologus,* tot zur Welt, und nach drei Tagen erscheine der Vater und blase sie an, wodurch sie zum Leben erweckt würden.
Der Löwe ist unter allen heraldischen Tieren das am häufigsten verwendete. Die Häufigkeit ist so auffallend, daß eine französische Redensart lautet: *Qui n'a pas d'armes porte un lion* (Wer kein Wappen hat, führt einen Löwen). Das Vorkommen des Löwen ist unabhängig davon, ob er in den Ländern, wo er als Wappentier erscheint, auch zur einheimischen Fauna gehört. Seine Beliebtheit muß also nicht vom Augenschein kommen, sondern von der Meinung, die man von ihm hat. Er gilt als das Symbol für Kraft und Gewandtheit, in der Fabel kommt ihm der Name »Nobel« zu, er ist der König der Tiere, nicht aber der Vögel, denen selbst der Löwe nichts befehlen kann. So kann er auch das Sinnbild für Christus sein.
Aus dieser Antagonie der beiden Lebensbereiche mag auch die heraldische Antagonie zu erklären sein, die sich in den Adlern als Sinnbild der Kaisermacht und den Löwen als Sinnbild der landesherrlichen Gewalt ausdrückt. Dieser Gedanke muß im Mittelalter unterschwellig stark wirksam gewesen sein, denn in dem auf der Aeneas-Sage beruhenden Heldengedicht des Heinrich von Veldeke wird der Träger des Löwenwappens dem Träger des Adlerwappens entgegengestellt. Wenn man diesen als den historisch-geographischen Vorläufer der römischen Kaiser einstuft, dann ist der Löwenträger der Repräsentant der ungebärdigen Landesherren, denen die Kaiser immer mehr Konzessionen machen mußten, am deutlichsten – gerade in jener Epoche – gegenüber dem mächtigen Herzog von Bayern und Sachsen, Heinrich dem Löwen (1129–1195) aus dem Hause Welf. Dieser Herzog Heinrich hat zwar kein Wappen im technischen Sinne geführt, aber er siegelte mit dem naturalistischen Bilde eines Löwen und stellte einen recht naturnahen

Das älteste bekannte Siegel des Königs von England, Richard I. Löwenherz, zeigt einen oder zwei Löwen, aber von 1195 an bestand sein Wappenbild aus drei Löwen. Die Löwen (oder Leoparden, wie sie heraldisch auch genannt werden) sind bis auf den heutigen Tag das Wappenbild Englands geblieben.

monumentalen Bronzelöwen vor seiner Burg Dankwarderode in Braunschweig auf. Erst seine Nachkommen nahmen ein förmliches Wappen mit zwei schreitenden Löwen an, das sie vom englischen ableiteten, das drei solche Löwen enthält. Wenn sich Heinrich der Löwe auf lateinisch *Henricus Leo* nannte, so ließ er zwei Übersetzungen ins Deutsche zu, nämlich »Heinrich der Löwe« und »Heinrich Welf«. Ein Welf oder Welp war, wie erwähnt, ein junges Raubtier; das Wort ist heute für junge Hunde gebräuchlich. In einer die ritterlichen Tugenden verehrenden Gesellschaft, die großartiges, aber auch grimmiges Auftreten, das für männlich und stark gehalten wurde, hochschätzte, war der Löwe gerade das richtige Wappentier, der König der Tiere. Er habe, erzählt Thomasin von Zerklaere in seinem großen Lehrgedicht »Der Wälsche Gast« (1216), eine Sitte, nämlich sich von einem Hunde begleiten zu lassen, welcher die Schläge zu ertragen habe, die eigentlich dem Löwen hätten zugedacht werden müssen, wenn er Unrecht getan habe. So sagt unser Gewährsmann, solle es ein Herr machen.

In der Heraldik wird der Löwe normalerweise stark stilisiert dargestellt. Die alten deutschen He-

Beispiel für die Stilisierung des heraldischen Löwen: Löwe von Böhmen mit dem charakteristischen Doppelschwanz vom Grabmal König Ottokars I. in Prag, 14. Jahrhundert.

Varianten des Löwen:
1 springend
2 schreitend hersehend
3 schreitend
4 springend hersehend
5 springend widersehend
6 abgerissenes Haupt

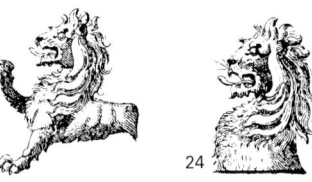

7 hersehendes Haupt
8 doppelschwänzig
9 mit gespaltenem Schwanz
10 mit verknotetem Schwanz
11 Schwanz untergeschlagen
12 gestümmelt
13 geschändet

92

2

3

4

5

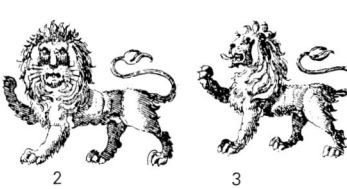

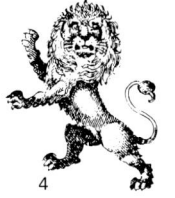

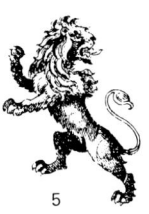

14 in Teile zerlegt
15 mit Kette am Halsring
16 apportierend
17 hochspringend
18 hockend, links gewendet
19 hockend
20 hockend mit durchgeschlagenem Schwanz

21 hockend, die rechte Vorderpranke erhoben
22 schreitend widersehend
23 vorderhalb, schreitend
24 Rumpf, abgeschnitten
25 oberhalb, halsgekrönt

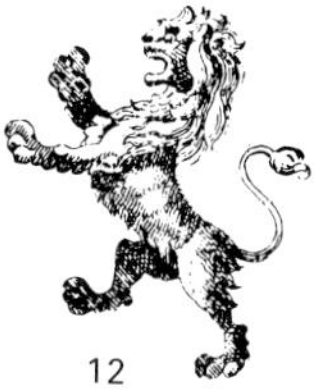

12

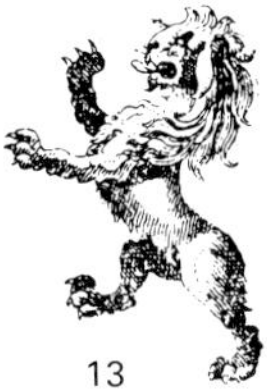

13

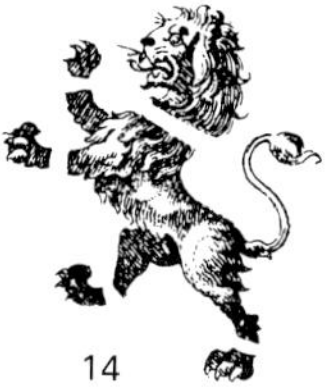

14

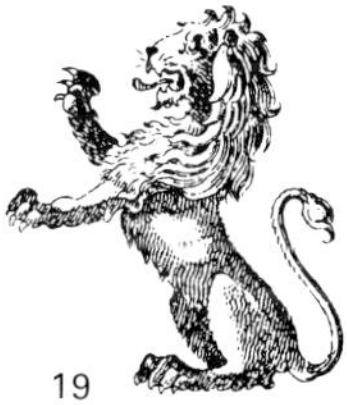

19

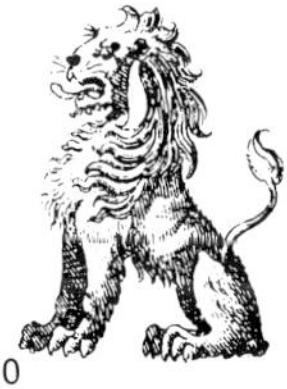

20

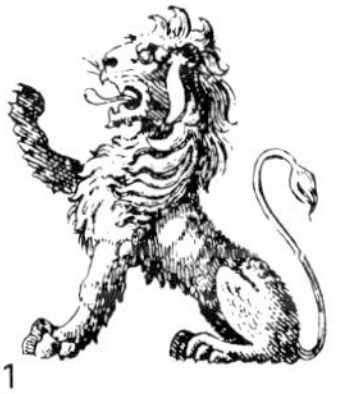

21

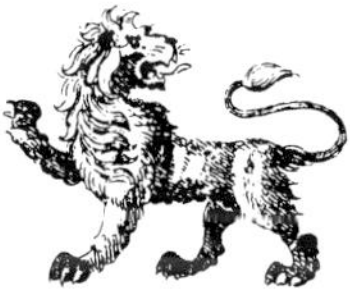

22

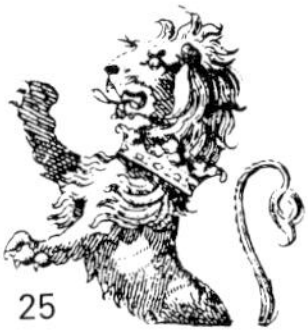

25

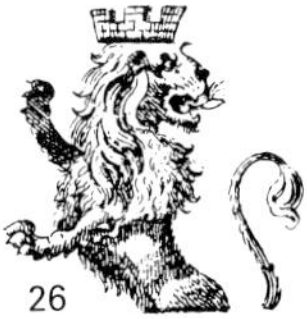

26

26 oberhalb widersehend, mit
Mauerkrone
27 gekrüpft
28 gekrüpft, mit erhobenen Vorderpranken
29 zwei schreitende Löwen
30 zwei abgewendete Löwen
31 zwei zugewendete Löwen

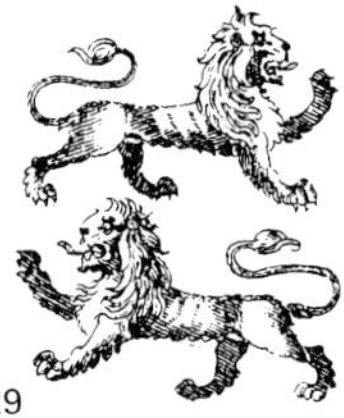

29

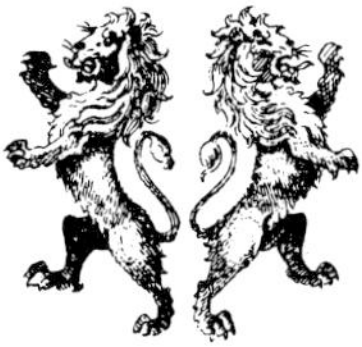

30

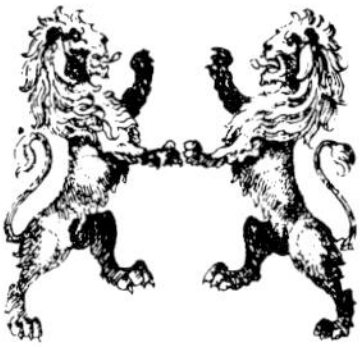

31

32 stehend
33 stehend mit abgestrecktem Schwanz
34 ruhend
35 schlafend

36 doppelkörperlich
37 dreikörperlich
38 zweiköpfig
39 hockend, umgewendet
40 geflügelt, stehend
41 Markuslöwe hockend
42 Markuslöwe der Ionischen Inseln
43 Seelöwe mit erhobenem Schwanz
44 Seelöwe mit untergeschlagenem Schwanz, stehend
45 Seelöwe mit untergeschlagenem Schwanz, aufrecht
46 Seelöwe mit Drachenschwanz
47 Chimäre

Ausschnitt aus einer venezianischen Flagge mit dem teils auf dem Land, teils auf dem Wasser stehenden Markuslöwen.

raldiker nannten die Stellung »zum Grimmen geschickt«, die französischen *Rampant* (vom lateinischen *rapere*, rauben, gebildet). Wenn also in einer Blasonierung nichts besonderes »gemeldet« wird, ist der Löwe als aufgerichtet zu vermuten. Weicht er von dieser Stellung ab, ist das anzugeben, wobei man die Wahl zwischen zwei Methoden hat. Man kann Körperhaltung und Kopfwendung einzeln angeben, aber auch die schon von den alten Griechen beobachtete Unterscheidung zwischen »Löwe« und »Leopard« gelten lassen. Dieser Unterschied bestand in der Antike: Die »Löwen« wurden meist stark bemähnt im Profil gezeigt, und die kaum behaarten Leoparden sahen zum Beschauer hin. In der franzö-

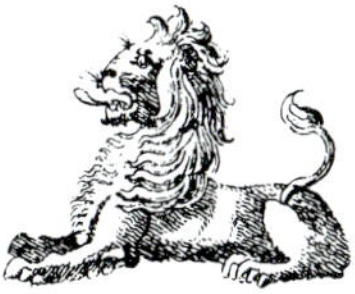

34

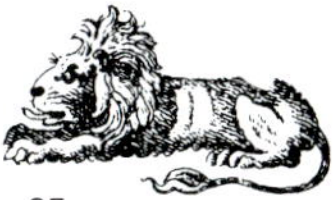

35

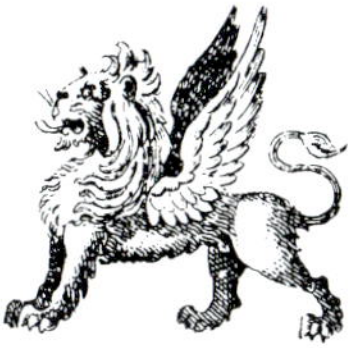

40

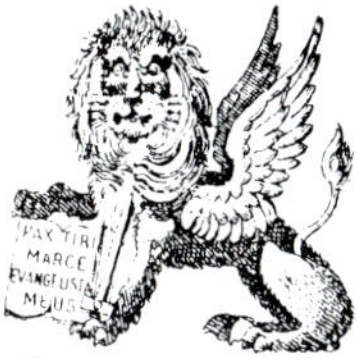

41

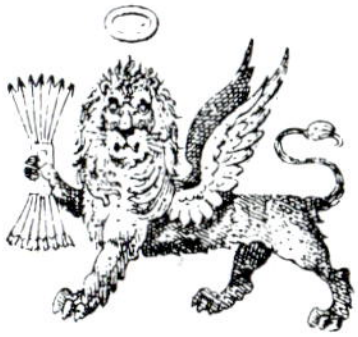

42

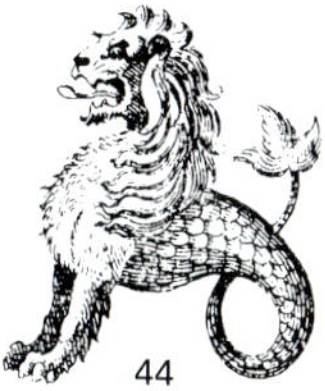

44

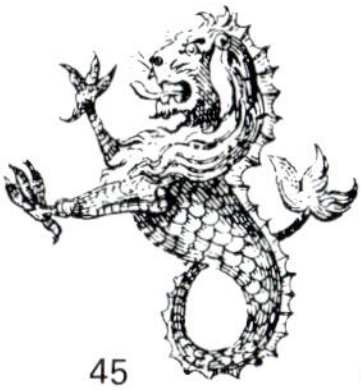

45

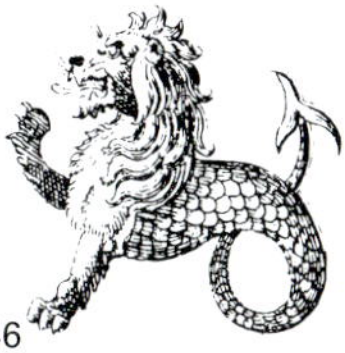

46

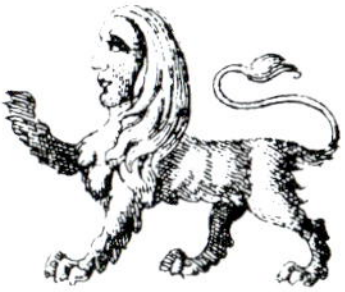

47

sischen Urform klingen die Bezeichnungen weniger verwunderlich als in der deutschen Nachahmung, nämlich: Löwe = springender Löwe = *Lion* = *lion rampant;* Leopard = schreitender hersehender Löwe = *léopard;* schreitender Löwe = leopardierter Löwe = *lion léopardé;* aufrechter hersehender Löwe = gelöwter Leopard = *léopard lionné.*

Der Leopard ist stets daran zu erkennen, daß er den Beschauer ansieht, er ist also immer »hersehend«.

Mit diesen Unterscheidungen ist es noch nicht getan. Jede Wappenfigur kann ja in allen sechs heraldischen Farben gehalten (»tingiert«) werden; der Löwe liefert naturgemäß die meisten Beispiele. Er

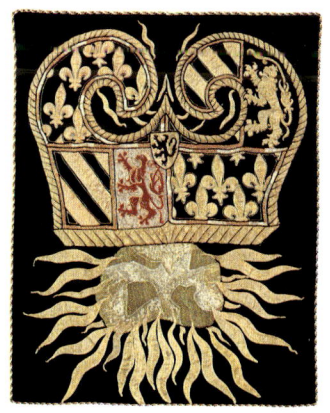

Diese Stickerei aus der von den Schweizern eroberten Burgunderbeute zeigt eine stilisierte Abwandlung des Emblems des Ordens vom Goldenen Vlies, einen funkenschlagenden Feuerstahl.

kann sogar gemustert sein, quer- oder schräggestreift, geschacht, ja schräggeviert. Tiere können alles in den Pranken, meist der erhobenen rechten, halten, was sich überhaupt halten läßt; natürlich ist das beim Löwen recht oft eine Waffe, etwa im Großherzogtum Hessen ein Schwert, in den Niederlanden dazu ein Pfeilbündel, oder ein Heiligenattribut, wie das Beil des heiligen Olaf von Norwegen, aber auch ein friedlicher Gegenstand, wie der Birnenzweig des Papstes Sixtus V. Das gilt eigentlich für alle Tiere, aber beim Löwen kommt es viel mehr vor. Wenn dem Löwen Flügel angesetzt werden, bezieht er sich fast immer auf den Evangelisten Markus, den Schutzpatron Venedigs.

Alle vier Evangelisten haben ja ein geflügeltes Wesen als Symbol: Lukas den Stier, den deswegen die Maler verehren, Matthäus den Engel und Johannes den Adler, der in der spanischen Heraldik eine deutliche Rolle spielt.

Sechs Blätter aus dem »Armorial Equestre de la Toison d'or et de l'Europe«, frühes 15. Jahrhundert, der Bibliothèque de l'Arsenal, Paris. Die Reiter sind jeweils von links nach rechts: Herzog von Geldern, Könige von Schottland und England; Herzöge der Normandie und von Luxemburg, König von Norwegen. Der Löwe wird als »König der Tiere« zum Widerpart des Königs in den Lüften, des Adlers, Sinnbild des alten römischen Reiches.

Seite 101: Die prunkvolle Komposition erinnert an den Einzug der Marie von York am 2. Juli 1468 als Gemahlin Herzog Karls des Kühnen am Prinsenhof in Brügge. Die großen Löwen wurden zu Urvätern zahlreicher schildhaltender Löwenpaare.

DER LÖWE

NORWEGEN ▷

Seit etwa 1280 trägt der Löwe des Staatswappens ein Beil, das Attribut des heiligen Königs Olaf, voran.

◁ BELGIEN

Das Wappen des alten Herzogtums Brabant wurde 1830 zum Staatswappen des neugegründeten Königreichs.

FINNLAND ▷

Der mit einem westeuropäisch geharnischten Schwertarm ausgerüstete Löwe tritt ein Krummschwert nieder.

◁ TSCHECHOSLOWAKEI

Auf »hussitischem« Schild trägt der böhmische Löwe den slowakischen Brustschild mit den Freiheitsfeuern.

SRI LANKA ▷

Der schwerttragende Löwe aus dem Banner des 1815 gestürzten Königs von Kandy wurde 1948 wiederbelebt.

◁ NIEDERLANDE

Der von »Schindeln« umgebene nassauische Löwe trägt Schwert und Pfeilbündel des alten Generalstaaten-Löwen.

IRAN ▷

Die Zusammenstellung von Löwe und Sonne, ein astrologisches Bild, geht auf das 13. Jahrhundert zurück.

◁ LUXEMBURG

Der rote Löwe auf dem weiß-blau gestreiften Grund war, seit es Wappen gibt, das Wappen dieses Landes.

DÄNEMARK ▷

Die drei von roten Herzen begleiteten blauen Löwen sind seit dem 12. Jahrhundert das Wappen Dänemarks.

◁ BULGARIEN

Die Befreiung Bulgariens vom Türkenjoch geschah unter dem Löwen; er überlebte alle Veränderungen.

GROSSBRITANNIEN ▷

Der Schild ist quadriert aus den historischen Wappen von England (doppelt), Schottland und Irland.

सत्यमेव जयते

◁ INDIEN

Die drei Löwen sind das Kapitell der von Kaiser Aschoka (272–222 v. Chr.) in Sarnath errichteten Säule.

BURUNDI ▷

Löwenkopf und Lanzen dienten schon zur Zeit des belgischen Protektorats als Hoheitszeichen in Urundi.

◁ SENEGAL

1965 trat der Senegalstrom zu den Motiven aus dem ersten Staatssiegel: Löwe, Affenbrotbaum und Stern.

ZAIRE ▷

Der Leopardenkopf steht über Pfeil und Speer, sowie Palmzweig, Elefantenzahn und dem Wahlspruch.

WAPPENTIERE
FABELTIERE

Die Wurzeln der heraldischen Bildersprache reichen weit ins vorchristliche Altertum zurück. Die Vorstellungswelt der Wappenschöpfer war von den Schilderungen der Tierwelt mitgeprägt, wie sie in den »Bestiarien« enthalten sind. Dies sind Naturkundebücher, die neben der Biologie auch die unbelebte Natur zu beschreiben versuchen, aber dabei hauptsächlich moralische Bezüge hervorheben. Alle Bestiarien gehen auf eine Urquelle, den sogenannten *Physiologus* (»Naturkundiger«), zurück, ein Manuskript, das um die Mitte des zweiten vorchristlichen Jahrhunderts in Alexandria entstanden sein dürfte.

Vom Markuslöwen wohl zu unterscheiden ist der Greif, ein Fabelwesen, dessen Oberkörper etwa der eines Adlers, dessen eigentlicher Leib mit den Hinterbeinen aber der eines Löwen ist. Der Greif ist seiner Natur nach schillernd als Sinnbild der Wollust und ihres Gegenteils, der Mäßigung,

und auf dieser Grundlage wurde er zum Emblem eines mittelalterlichen Ordens des Königreichs Aragon, des Kannenordens. Auf dem Umweg über diese Sinnbildlichkeit wird er schließlich zum Schildhalter des Wappens des römisch-deutschen Kaisers.
Wer kennt nicht das Sinnbild der selbstzerstörerischen Elternliebe,

Die englischen Wappenbücher sind bis ins 16. Jahrhundert voll von gekonnt stilisierten Ungeheuern, so auch von Lindwürmern, die dem König der Barbarei zugeschrieben wurden.

Zu den seltsamsten Fabelwesen gehört der Basilisk, ein Riesenvogel, dessen Körper in einem Schlangenschwanz endet; nach vorne ist der Leib um einen Schwanenhals verlängert, auf dem ein Hahnenkopf sitzt.
In der Stadt Basel dient der Basilik allein oder auch paarweise als Schildhalter der Wappen mit dem »Baselstab« *(oben rechts).*

den Pelikan, oder den aus der Asche aufsteigenden Phönix. In der Heraldik leben aber auch andere Tiere weiter, der Hirsch, der seinen Feind, die Schlange, in ihrer Höhle ertränkt und daher als Wappentier die Beute im Maul halten darf; der Fuchs, von dem behauptet wird, er täusche den von ihm zu fressenden Vögeln seinen eigenen Tod vor.

Viele Fabeltiere sind zu Wappentieren, und besonders zu Schildhaltern (S. 189) und Badges (S. 198ff.) geworden. Da die Zoologen für neuentdeckte Tierarten Namen aus den »Bestiarien« entlehnt haben, müssen wir nun unterscheiden zwischen heraldischen und natürlichen Antilopen, Panthern und anderen exotischen Tieren, um so mehr, als die einheimische Fauna überseeischer Gebiete immer mehr in deren öffentlicher Heraldik Platz findet.

Unbestritten als Fabelwesen blieb das Einhorn. In der Heraldik hat das Einhorn immer die Gestalt eines Pferdes oder mehr noch einer Ziege mit einem Horn auf der Stirn. Die Sage, wonach es nur mit Hilfe einer Jungfrau gefangen werden darf, hat die bildende Kunst lebhaft angeregt und das Einhorn zu einem mehrfach deutbaren Sinnbild Christi gemacht.

Der Pegasus, das Flügelroß, findet erst mit dem Humanismus Eingang in die Heraldik. Er kommt daher meist nur in den Wappen von Intellektuellen vor, die sich für Poeten halten.

Aus der echten Umwelt traten andere Könige des Tierreichs in den Vordergrund, der Stier und der Bär der dichten Wälder vor allen anderen, dann der Wolf. Gerade

Links: Wappen des Johann Christoph Gottsched (1700–1760): Sein Dichterroß, der Pegasus, erhebt sich über dem Werkzeug genauer Meßkunst, dem Zirkel.

ist auch auf andere Tiere anwendbar, die dem Menschen unmittelbar ohne Rückgriff auf gelehrte Physiologen vertraut sind. Auch hier stehen die redenden Wappen im Vordergrund, der Kopf des Auerochsen von Uri, der Elefant

Vierbeiner eignen sich oft besonders gut als »redende« Wappenbilder. Wer einen mit »Schwein« oder »Eber« gebildeten Namen hatte, griff gern zum Eber. Denn redende Wappen waren allzeit beliebt.

Der Hund ist von Wolf und Fuchs leicht zu unterscheiden, denn als Haustier ist er fast immer mit einem Halsband versehen.

An den phonetischen Anlehnungen an den Namen des Bären in dieser und jener Sprache fehlt es nicht.

Die Popularität der Bären hat noch mehr Gründe. Seine Zähmbarkeit schlägt sich in allerlei Legenden nieder: mancher Heilige hat sich mit einem Bären angefreundet. Was für Eber, Bär und Wolf gilt, von Helfenstein, verständlich, wenn man sich vor Augen hält, daß sein kostbarster Teil nicht Elefanten- sondern Elfenbein heißt. Zahl-

Links unten: Kampfszene aus dem »Carmen de bello Siculo« des Petrus de Ebulo (1195). Die Wildheit des Ebers qualifizierte diesen zu einem der ältesten Wappenbilder.

Der Uristier blickt seinen Beschauer unverwandt an; daß er gebändigt ist, zeigt der Nasenring.

Siegel der Königin Maria Stuart von Schottland (1542–1587).

Der aufspringende Stier im redenden Wappen der Stadt Turin ist ein Musterbeispiel für knappste Formgebung in der Heraldik.

reich sind die deutschen Wappen, die wegen eines Namensteils mit »Herz« Hirsche oder Hirschstangen aufweisen.

Pferde in Wappen gehen oft auf vorheraldische Symbole zurück, man denke nur an das Niedersachsenroß.

TIERE

NIGER ▷

Die Sonne bescheint neben dem Büffelkopf auch drei Tuareg-Waffen: Lanze, Schwerter und Hirsereiser.

◁ VENEZUELA

Der ungezähmte Schimmel bedeutet die Freiheit, die Garbe hat soviel Ähren wie das ganze Land Provinzen.

NAMIBIA ▷

Die Köpfe des Karakulwidders und des Afrikanerbullen stehen neben Diamanten und Bergwerkshämmern (1962).

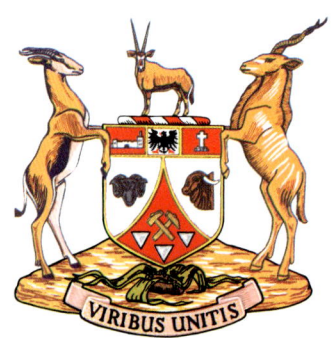

◁ FÄRÖER (Faeroeer)

Dem Landesnamen, nämlich »Schafinseln«, entsprechend ist seit dem 14. Jahrhundert der Widder nachgewiesen.

◁ PERU

Die Inkas meinten über drei Naturreiche zu herrschen, Tiere (Lama), Pflanzen (Chinarindenbaum), Minerale.

LESOTHO ▷

Das Krokodil in dem Bantu-Schild auf dem Thaba-Nasiu-Berg ist das Stammeszeichen des Königshauses.

◁ GUINEA

Das Sinnbild der Stärke führte die Demokratische Partei schon vor der Erlangung der Unabhängigkeit.

BHUTAN ▷

Der Landesname Druk-yul bedeutet Drachenland; der Drache ist in Ostasien ein Symbol des Glücks.

◁ ELFENBEINKÜSTE

Der Elefantenkopf drückt sowohl den Landesnamen, als auch die Stärke der Demokratischen Partei aus.

DER MENSCH

Der Beweggründe, ein Wappen mit Menschengestalten oder Körperteilen mehr oder weniger geschmackvoll zu schmücken, können viele sein. Köpfe brauchen nicht immer die besiegter Feinde zu sein, wie es im heutigen Wappen von Sardinien der Fall ist, das eigentlich das von Aragonien ist; viel liebenswürdiger ist der Kopf der Dame des Herzens, wie bei

dem Minnesänger Friedrich von Meißen. Vor der Betonung ethnischer Merkmale schreckte man dabei nicht zurück.

Ob Dame oder Mohr, ob heilig oder nicht, die mitteleuropäische Heraldik, und nicht nur die deutsche, sondern auch die niederländische und die italienische, liebte die menschlichen Figuren besonders als Helmzierden, während die Körperteile mehr in den Schilden überwiegen und zu gewagten Kombinationen verleiten. Als Schildhalter werden Menschen besonders oft verwendet.

Das Urwappen des Königreiches Aragon bestand aus dem Christenkreuz, durch welches vier Maurenfürsten besiegt worden waren.

Mittelalterliche Variation eines Hampelmannes, der kleine Dubletten aus den Hüften hervorzaubert.

ARGENTINIEN ▷

Zwei »treue Hände« halten die phrygische Mütze, das Freiheitssymbol der Jakobiner, vor den Landesfarben.

◁ SÜDAFRIKA

Im ersten Feld des gevierten Schildes erscheint Spes (die Hoffnung) für Kapland, dann die drei übrigen Provinzen.

DSCHIBUTI ▷

Zwei Eingeborenen-Arme drohen mit Dolchen neben einem auf einer Lanze liegenden Eingeborenen-Schild.

◁ MONGOLEI

Im 1940 geschaffenen, 1960 vereinfachten Wappen reitet ein Arat (Werktätiger) in die strahlende Zukunft.

ST. VINCENT ▷

Zwei Priesterinnen opfern dem Frieden an einem antiken Altar, als Wappen 1912 förmlich verliehen.

DER ADLER UND ANDERE GEFLÜGELTE WESEN

Auch unter den wirklich existierenden Flügelwesen gilt die hierarchische Ordnung der Herrschaft der kräftigsten. Was Wunder also, daß der Adler und ihm verwandte Vögel unter allen Himmels- und Göttersymbolen die prominentesten und zahlreichsten sind. Kein Kulturkreis, in dem überhaupt derartige Vögel vorkommen, ist davon ausgenommen. Anders als das nächsthäufige Wappentier, der Löwe, kommen Greifvögel unter allen Himmelsstrichen vor, so daß diese hoheitlichen Vögel selbst bei starker Stilisierung eine gewisse Naturähnlichkeit beibehalten.

Die symbolische Unterscheidung zwischen Adler, Falke und Geier hat eine alte Tradition, die bis in die Vorgeschichte zurückgeht. Die Hethiter kannten den Doppeladler als Hoheitszeichen, die alten Ägypter statteten ihre Könige mit nach Geier und Falken gebildeten Schmuckstücken aus, die geradezu heraldisch anmuten.

Der deutsche Königsadler geht seinerseits unmittelbar auf die Römer zurück. Nachdem Karl der Große im Jahr 800 zum Kaiser gekrönt worden war, pflanzte er einen imperialen Adler auf seine Kaiserpfalz in Aachen. Seine Nachfolger »heraldisierten« ihn so nachhaltig, daß er bis zur Stunde das Wappen Deutschlands geblieben ist. Eine Unterbrechung bedeutete die seit

dem 13. Jahrhundert verbreitete, aber erst 1401 von Kaiser Sigismund sanktionierte Auffassung, der Adler des Kaisers habe zwei Köpfe, der des künftigen Kaisers begnüge sich mit einem Kopf. Der Doppeladler hatte seit Napoleons Auftreten in Mitteleuropa zwar an

Der Minnesänger Reinmar von Zweter bildet die Sachsen, das heißt die Flügelknochen seines Wappenadlers, zu einem zweiten und dritten Haupt aus.

Die Stadt Schongau bildete aus dem Reichsadler und dem bayerischen Rautenschild ein eigenes Stadtwappen *(unten)*. In Wimpfen übernahm ein Schlüssel die Funktion des Unterscheidungszeichens *(unten links)*.

Wenn in den Vereinigten Staaten heute noch über den Ursprung der »Sternenidee« gerätselt wird, so sei darauf hingewiesen, daß das Abzählsystem mittels Sternchen schon auf Truppenfahnen des Dreißigjährigen Kriegs (1618–1648) gang und gäbe war.

Bedeutung verloren, aber ausgespielt hatte er nicht. Ein Schachzug des römisch-deutschen Kaisers Franz II. bewahrte ihn aber vor dem Verschwinden: er wurde als Symbol der Kaiserwürde an sich auch zum Wappen des aus den Ruinen des zerfallenden Reiches ligenscheine um die Häupter, weltlich wie er war. Die Heiligenscheine bekam er erst wieder, als Dollfuß 1934 in Österreich das Wort »Republik« unterdrückte und das Land in einen Bundesstaat verwandelte, der sich 1938 dem »Dritten Reich« anschließen muß-

erstehenden Kaisertums Österreich erklärt. Da Franz II. doppelter Kaiser, nämlich »Erwählter Römischer« und »Erblicher von Österreich« war, legte man dem »römischen« Doppeladler einen österreichischen auf die Brust. Dieser hatte dann aber keine Hei- te. Dieses wiederum hatte den einköpfigen deutschen Reichsadler auf gemischt-heraldisch-altrömische Weise verfremdet.

Der einköpfige Reichsadler hatte neben dem Doppeladler die Zeiten bis heute bei jenen Städten überdauert, die sich als »Reichsstädte«

Als eines der eindrucksvollsten Zeugnisse hochmittelalterlicher Wappenkunst darf dieser Adlerschild gelten, der sich als Wappen einer der Linien des freiherrlichen Hauses Raron (franz.: Rarogne) erwiesen hat.

Die Stilisierung des Adlers wird von der Symmetrie bestimmt, wobei nur der Kopf aus der Symmetrieachse heraustritt.

Der Konstanzer Bürger Konrad Grünenberg hielt 1483 in seinem Wappenbuch das künftige Reichswappen für den Kaiser als König zu Jerusalem bereit, den Reichsadler mit drei statt zwei Köpfen, ein treffendes Beispiel verfehlter Ambitionen *(unten).*

von der in Deutschland überhandnehmenden landesherrlichen Hoheit hatten freihalten oder freimachen können. So kommt es, daß viele Städte das gleiche Wappen wie die Bundesrepublik führen. Laufe waffenklirrender Zeitläufe in eine Freiheit vom Reich. Dessen Doppeladler aber blieb lange das Sinnbild der Unabhängigkeit an sich, auch noch nach 1648, als die

Andere ehemalige Reichsstädte fügten dem Adler noch ein weiteres Zeichen bei, meist einen kleinen Brustschild. Die Reichsfreiheit der Schweizer wandelte sich im Schweiz sich ganz von dem Reich getrennt hatte.

In vielen Museen findet man Glaspokale mit sogenannten Quaternionenadlern, die auf jeder

Der Kranich der Landschaft Greyerz ist ein französisch »redendes« Bild, denn er heißt in jener Sprache *grue* und die Landschaft Gruyère, bekannt durch ihren Käse.

Der Phönix unterscheidet sich vom naturalistischen Adler durch Flammen, hier auf einer englischen Standarte aus dem 15. Jahrhundert.

Schwungfeder die vier Vertreter eines Reichsstandes durch vier Schildchen vorstellen, also vier Grafen, vier Landgrafen, vier Markgrafen, vier Burggrafen bis hinunter zu den Bauern. Unter ihnen fällt Köln auf; der »Kölsche Bur« lebt noch im dortigen Karneval fort.

Ist der Adler ein Musterbeispiel für das Streben der Heraldik nach Symmetrie, so hat sich die Wappenkunst seiner doch auch in na-

Anders als in den flachen Wappenbildern im Schild wird der beuteschlagende Adler als dreidimensionale Helmzierde zum lebendigen Motiv.

turalistischer Weise bemächtigt. Wenn der Adler als Sinnbild des nicht vor dem Sonnenkönig zurückweichenden Hohenzollernhauses dienen soll, schwebt er über einer Landschaft; die Sonne ist dann das Attribut, das den Vogel als Adler ausweist. In freier graphischer Gestaltung, auf Ordensurkunden zum Beispiel, wurden sogar die Doppeladler von Rußland und von Österreich wie normale Vögel fliegend dargestellt.

Als Ausweis für den Raubvogelcharakter können aber auch kleinere Lebewesen dienen, die nur

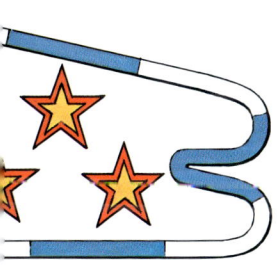

der Adler schlagen kann. Nicht jeder Greifvogel soll ein Adler sein. Trägt er etwa eine Kappe auf dem Kopf und kleine Schellen an den Füßen, dann ist er als Falke erkennbar. Manche adlerartige Vögel entlarven sich als redende Wappenzeichen, wenn man ihren heimatlichen Namen kennt, wofür der Würgefalke, Stocker, ein treffendes Beispiel bietet. Ritzt der adlerartige Vogel jedoch die Brust auf, dann soll es ein Pelikan sein, der seine Jungen nährt. Der heraldische Pelikan hat nicht, wie der lebende, einen Futtersack am Schnabel.

Eine strenge Stilisierung wie beim Adler läßt sich bei einigen anderen geflügelten Wesen anwenden, etwa bei den Insekten, die mit angelegten und besonders mit ausgebreiteten Flügeln sehr dekorativ wirken. Davon machte auch Napoleon I. noch im Exil auf Elba ausgiebig Gebrauch.

Solid ist die Symbolik der Stelzvögel, die durch Beizeichen identifizierbar sind. Der Vogel Strauß verschlingt auch in Wirklichkeit allerlei Unverdauliches; diese Fähigkeit wird in der Fabel und folglich auch in der Heraldik durch die Beigabe eines eisernen Gegenstandes verdeutlicht. Dem Kranich pflegt man einen Stein in den erhobenen Fang zu geben, der den Wachestehenden wecken würde, falls er herunterfällt.

Das mexikanische Motiv vom Adler mit der Schlange und dem Kaktus ist ein sechshundertjähriges Symbol: nach langen Wanderungen fanden die Azteken die von ihren Göttern unter dem Vorzeichen des Adlers und des Kaktus verheißene Heimstatt inmitten eines großen Sees.

VÖGEL

ALBANIEN ▷

Der Doppeladler aus dem Familienwappen des Nationalhelden Skanderbeg Kastriota überdauert alle Zeiten.

◁ DEUTSCHLAND, Bundesrepublik

Der Adler der deutschen Kaiser des Mittelalters ist seit 1919 deutsches Reichs-, dann Bundeswappen.

THAILAND ▷

Der Garuda, das Reittier des Gottes Wischnu, verdrängte um 1910 den populären weißen Elefanten.

◁ POLEN

Die Ursprünge des polnischen Adlers gehen zurück bis 1222, die Volksrepublik führt ihn fort ohne Krone.

◁ ÄGYPTEN, LIBYEN, SYRIEN

Der Falke des Kuraisch-Stammes des Propheten war bis 1980 immer noch gemeinsames Emblem; der grüne Schild ist libysch.

IRAK ▷

Der Irak führt auch nach der Auflösung der Föderation Arabischer Republiken weiter Saladins Adler.

◁ SUDAN

Ein Sekretärvogel oder Kranichgeier mit dem einheimischen Schild und dem Spruch »Der Sieg ist unser«.

JEMEN (Nord) ▷

Im Brustschild des Adlers steht der weltberühmte Marib-Staudamm und darüber eine Mokka-Kaffee-Staude.

◁ ÖSTERREICH

1918 bekam der »Babenberger-Adler« Mauerkrone, Hammer und Sichel zum Brustschild, 1945 erst die Ketten.

VEREINIGTE STAATEN VON AMERIKA ▷

Eine Variante der Flagge auf der Brust des 1782 gewählten, später als »Weißkopf« definierten Adlers.

◁ VEREINIGTE ARABISCHE EMIRATE

Acht Kettenglieder umrahmen das typische Segelschiff, ein Dhau, auf der Brust des populären Jagdfalken.

SPANIEN ▷

1938 wurden die Embleme der »Katholischen Könige«, Johannisadler, Joch und Pfeilbündel, wiederbelebt und 1980 wieder beseitigt.

◁ INDONESIEN

Der Garuda-Vogel zeigt im Brustschild Symbole der fünf Prinzipien, welche die Politik bestimmen sollen.

JEMEN (Süd) ▷

Auf der Brust des Saladin-Adlers liegt ein Schild in der Farbverteilung der Nationalflagge von 1967.

PAPUA NEUGUINEA ▷

Das 1971 eingeführte »Nationalemblem« besteht aus dem Paradiesvogel auf Kundu-Trommel und Prunkspeer.

◁ MEXIKO

Der Sage nach steht die Stadt Mexiko auf dem Platz, wo ein Adler auf einem Kaktus eine Schlange zerbiß.

MALI ▷

Ein wehrhafter Kondor schwebt über den Bauten von Gao im alten Sudan-Reich; die Sonne bestrahlt Waffen.

◁ JORDANIEN

König Abdullah entwarf 1921 den Adler in der schwarzen Farbe des Propheten auf der blauen Weltkugel.

ZYPERN ▷

Die weiße Taube mit dem Ölzweig im Schnabel verkündet seit 1960 eine trügerische Friedensbotschaft.

◁ KIRIBATI

Das 1937 verliehene Wappen der einstigen Gilbert- und Ellice-Inseln mit dem Fregattvogel gilt weiter, aber mit anderem Spruch.

GUYANA (Guayana) ▷

Im 1966 verliehenen Wappen ist ein Canje-Fasan mit Wellenlinien und der Victoria-Regia-Pflanze vereinigt.

◁ KENIA

Der Hahn der »Kenya African National Union« ziert den nationalfarbigen Massai-Schild auf dem Mount Kenya.

GUATEMALA ▷

Der Quetzal, ein die Gefangenschaft nicht überlebender Kolibri, verkündet das Datum der Freiheit.

◁ ÄQUATORIAL-GUINEA

Mit Änderung der Verfassung trat der Hahn über mehreren Werkzeugen an die Stelle des Mangrove-Baumes.

DIE PFLANZENWELT

Nur zwei Blumen sind im eigentlichen Sinn heraldisch: die Lilie und die Rose. Mehr als die Rose unterliegt die Lilie der strengen heraldischen Stilisierung, vielleicht deshalb, weil sie von dem Vorbild in der Natur recht weit entfernt dargestellt wird.
Die Lilie als Symbol der reinen Muttergottes war das Hauptemblem der Könige von Frankreich.

Diese japanische *Mon* zeigen:

Chrysanthemum

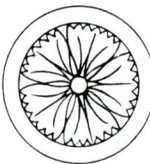

Nelke

Pflaumenblüte

Chinesische Blume

drei Malvenblätter im Glyzinienkreis

Dreiblatt mit hängendem Glyzinienzweig und Schmetterling

drei beblätterte Chrysanthemumblüten

Der berittene König von Frankreich, aus dem »Armorial Equestre de la Toison d'or et de l'Europe«, frühes 15. Jahrhundert.

Die heraldische Rose leitet ihre Grundform von der Heckenrose ab und hat daher fünf Blätter; das hindert nicht, daß es auch Rosetten

Oben: Die floralen Embleme spielen in Großbritannien eine hervorragende Rolle. Der »Krieg der roten und der weißen Rose« endete 1485 mit der Vereinigung beider in der zweifarbigen Tudor-Rose.

Das Motiv der von oben gesehenen Blüten ist aber keineswegs auf die heraldische Rose beschränkt; man begegnet ihm besonders häufig in

Das Banner von Florenz aus dem 14. Jahrhundert *(rechts)* zeigt ein charakteristisches Symbol: die heraldische Lilie, am bekanntesten als königliches Emblem von Frankreich. Sie ist ein traditionelles Symbol der Jungfrau Maria.

mit weniger und mit mehr Blättern gibt. Korrekterweise sind diese dann als Vierblatt, Sechsblatt oder entsprechend zu bezeichnen.

den japanischen Familienzeichen oder *Mon,* zumal diese fast ausschließlich auf Kreisbasis aufbauen.

Ausschnitt aus dem Flaggenwald der 3000 Gemeinden der Schweiz, Expo 1964, Lausanne. Die weitgehend dezentralisierte Schweiz gilt unbestritten als Hochburg der Gemeindeheraldik.

Blüten werden mit dem Samenstand in der Mitte, aber auch beblättert im Aufriß verwertet, ganze Zweige eignen sich dazu, in Kreisform gebogen zu werden.

Aus der britischen Sitte, nicht nur Blüten, sondern auch Pflanzen, wie den Lauch von Wales, als Badges zu führen, hat sich im anglophonen Bereich der Welt der Brauch entwickelt, National- oder Provinzialgewächse als Wappenbilder gesetzlich festzulegen.

Von der ganzen Vielfalt der Flora sind in der klassischen Zeit nur diejenigen Gewächse zu Wappenbildern geworden, die sich heraldisch stilisieren lassen, also solche, deren Silhouette sich hierzu eignet. Neben Rose und Lilie spielen andere Blumen nur eine untergeordnete Rolle.

Mehr noch als Blumen sind Blätter mit markanten Umrißformen in der Heraldik vertreten, wie die von Klee, Seerosen, Linde, Eiche. Bäume werden, wenn gut stilisiert, nur mit einigen typisch beblätterten Zweigen oder den Früchten gezeichnet.

Ähren und besonders Garben gehören zu den allerfrühesten Wappenbildern besonders fruchtbarer Landstriche.

Wenig respektable Gewächse werden allerdings meistens nur dann gewählt, wenn sich ein redendes Wappen ergibt.

PFLANZEN

PAKISTAN ▷

In den islamischen Farben, Grün mit Weiß, präsentieren sich Baumwolle, Tee, Weizen und Jute mit Narzissen.

◁ JAPAN

Das Chrysanthemum ist eigentlich das »Mon« des Kaiserhauses, daneben auch die »Paulownia imperialis«.

BARBADOS ▷

Die Insel heißt nach dem »Bebarteten Feigenbaum«, über dem zwei Red-Pride-of-Barbados-Blüten stehen.

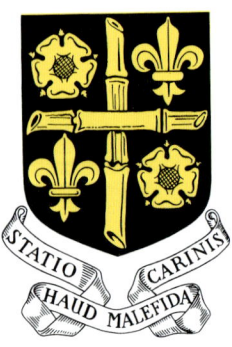

◁ ST. LUCIA

Die Zuckerrohrstengel, Rosen und Lilien standen 1939 (Verleihung) in Schwarz, 1970 in Gold, jetzt in Blau.

BANGLADESCH ▷

Padi-Schößlinge umrahmen eine Wasserlilie (Schapla-Blume), darüber vier Sterne neben einer Jutepflanze.

SAUDI-ARABIEN ▷

Die Kombination der Dattelpalme mit den gekreuzten Krummschwertern hat sich allmählich kristallisiert.

◁ LIBANON

Die mehrstufige Libanonzeder, in der Natur fast ausgerottet, ist das jahrhundertealte Symbol des Landes.

MALEDIVEN ▷

Der Staat der »Tausend Inseln« betont seine islamische Tradition, zusätzlich zur Palme und den Fahnen.

◁ SÃO TOMÉ E PRINCIPE

Kokosnußpalmenerzeugnisse bilden die Lebensgrundlage der beiden Inseln. Wahlspruch: Einheit, Zucht, Arbeit.

HAITI ▷

Der Palmetto gilt seit 1802 als der tiefverwurzelte Freiheitsbaum der Schwarzen; ihn umrahmen Waffen.

HIMMELSKÖRPER

Das Bewußtsein, daß alles Leben von einem Gestirn gesteuert wird, gehört zu den ältesten Erfahrungen. Die Himmelskörper treten daher seit Urzeiten in der Symbolik auf, teils angebetet, teils einfach die ihre Abstammung von der Sonne herleiten.
Die ungeheure Wirkung der Sonne wird in der Heraldik durch die abwechselnd geraden und geflammten Strahlen ausgedrückt. Nebenher

Das 1486 an die Schweizer verlorene Banner des Jacques von Luxemburg, des burgundischen Gouverneurs von Douai aus jener Linie, die mit dem südfranzösischen Dynastiengeschlecht von Baux verschwägert war. Die stolzen Herren von Baux verglichen sich mit der Sonne und führten diese daher im Wappen.

zur Belebung der Himmelsfläche. Sternbilder sind in der alten Heraldik ungewöhnlich, dagegen in modernen Staatswappen und -flaggen nicht unbeliebt. Recht groß ist die Zahl der Herrschergeschlechter, muß die Sonne, vor allem wenn nur ihre obere Hälfte zu sehen ist, die »aufgehende«, als Symbol der Freiheit und der damit verknüpften Hoffnung auf bessere Zukunft angesehen werden. Im Wappen

Für die Gestaltung des Mondes hat die Heraldik mehrere Formen entwickelt. In diesem Allianzwappen führt der Ehemann zwei schmale Mondsicheln, die Frau aber ein volles Mondgesicht.

von Marokko ist die Sonne aber eine untergehende, denn in der Landessprache heißt Marokko ja *Magrib,* Westen. Zur Zeitangabe dient die Sonne in Verbindung mit den Sternzeichen für die Monate März bis Juni 1845, wohlgemerkt die in Ekuador passenden. Ähnlich, aber in schlichter naturalistischer Darstellung, ist auch die Dämmerung zu bewerten, in der die zur Ausrufung der Republik führende Revolution in Panama ausbrach. Als Sonnenstrahlen muß man auch die Lichtstrahlen ansehen, die von der Freiheitsmütze in einigen mittelamerikanischen Staatswappen ausgehen. Sonne und Mond in gleichgewichtiger Bewertung sollen bei Nepal bedeuten, daß das Reich so lange bestehen wird, wie diese Himmelskörper nicht heruntergefallen sind. Die Republik Ceylon hat, als sie ihren einheimischen Landesnamen Sri Lanka zum internationalen, allein gültigen Landesnamen erklärte, auch das Wappen mit religiösen Symbolen angereichert, unter denen Sonne und Mond nicht fehlen durften. Damit nähern wir uns astrologischen Gesichtspunkten, die in der klassischen Heraldik nicht erkennbar sind, wohl aber die Grundlage des iranischen Hoheitszeichens, der Sonne im Sternbild des Löwen, bilden.

Halbovale, um 90° gedrehte und aufgerichtete Darstellung einer Fahne, Teil der von Schweizer Soldaten im 15. Jahrhundert eroberten Burgunderbeute in den Kämpfen gegen Karl den Kühnen. Vom goldenen Feuerstahl gehen radial goldene Flammen, Strahlen und Funken aus. Im Zenit der Rundung eine goldene, lilienförmige Blume.

ROTER KREIS INS WEISSE FELD,
MORGENSONNE IST GESTELLT,
WIE BIST DU SCHÖN, FLAGGE VON JAPAN!
HIMMELAUFWÄRTS STREBT SIE,
KRAFTVOLL UNS BELEBET SIE,
WIE BIST DU SCHÖN, FLAGGE VON JAPAN!

Japanisches Kinderlied

Spielarten der Sonnenballflagge auf dem Kaiserschiff des Schogun, 17. Jahrhundert. Der Name Japans, der östlichsten aller größeren Nationen, bedeutet »Ursprung der Sonne« und legte schon vor Jahrhunderten ein entsprechendes Symbol nahe.

Die Himmelskörper kommen öfter in Hoheitszeichen als in Familienwappen vor. Der Mond allerdings taucht in seinen verschiedenen Varianten selbst in nicht islamischen Ländern als ein beliebtes Motiv in Familienwappen, aber auch in der kommunalen Heraldik auf. Er kommt als zunehmender Mond in der Form der reinen Sichel, dann mit einem menschlichen Gesicht in der Sichel vor.

Oft ist er eindeutig ein Sinnbild der Marienverehrung, denn die Himmelkönigin wird vorwiegend auf einer liegenden Mondsichel dargestellt. In einer Wappenbeschreibung muß die Lage des Mondes genau angegeben werden.

Sterne kommen auf Wappen und Flaggen häufig als Gruppe oder einzeln vor. Auch ist ein Stern diejenige der gemeinen Figuren, die als erste gewählt wird, wenn Beizeichen aus dem Bereich der Himmelskörper erscheinen sollen. Die einzelnen Nationen bevorzugen bestimmte Anzahlen von Zacken: die Mitteleuropäer geben dem Stern sechs, die Romanen fünf Strahlen.

KOSMOS

MALAŴI ▷

Die Wellen des Njassa-Sees vereinigen sich mit dem britischen Löwen und der Sonne eines neuen Morgens.

◁ CHINA (Taiwan)

Die »Weiße Sonne im blauen Himmel«, seit 1928 Staatswappen, symbolisiert seit 1895 ein erneutes China.

KOMOREN ▷

Nach der Umbennnung in eine Föderative Republik zeigt das Staatsemblem vier Sterne für die vier Inseln.

◁ PHILIPPINEN

Die acht Sonnenstrahlen bedeuten die Aufstandsprovinzen von 1896, Adler und Löwe die alten Herren.

TÜRKEI ▷

Seit unvordenklichen Zeiten bilden Halbmond und Stern das Emblem des Islam und speziell der Türkei.

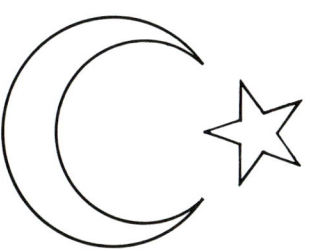

◁ ALGERIEN

Halbmond und Stern, beide rot wie in Tunis, stehen auf islamischem Farbgrund.

NIEDERLÄNDISCHE ANTILLEN ▷

In dem 1964 durch die Königin der Niederlande verliehenen Wappen bedeuten sechs Sterne die sechs Inseln.

◁ MAURETANIEN

Als islamische Republik führt auch Mauretanien Halbmond und Stern, daneben eine Palme und Hirsepflanzen.

SINGAPUR ▷

Die fünf Sterne werden als Sinnbilder für Demokratie, Frieden, Fortschritt, Recht und Gleichheit gedeutet.

◁ CHINA (Volksrepublik)

Die fünf Sterne aus der Flagge strahlen über dem Tien-an-Men und einem Zahnrad zwischen Reis und Weizen.

BENIN ▷

Der rote Stern im grünen Grunde datiert erst von der Umwandlung Dahomeys in die Volksrepublik Benin (1975).

◁ WEST-SAMOA

Vor dem Emblem der UN steht das »Kreuz des Südens«, darunter die Kokospalme im Ozean (1962).

CHILE ▷

Den blau-rot geteilten Schild mit dem einen Stern, eine Variante der Flagge, halten Huemul und Kondor.

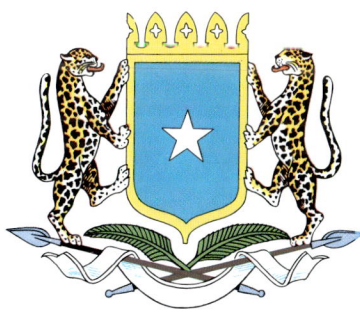

◁ SOMALIA

Der Wappenschild stimmt mit der Flagge überein; er ist in Erinnerung an die UN-Treuhandschaft hellblau.

PARAGUAY ▷

Der einzelne Stern soll schon um 1811 in den Aufstandsfahnen gestanden haben; er wurde 1842 legalisiert.

VIETNAM ▷

Der gelbe Stern aus der Flagge steht seit 1956 über einem Zahnrad zwischen zwei goldenen Reisgarben.

◁ GUINEA-BISSAU

Das Spruchband mit der Inschrift »Einheit, Kampf, Fortschritt« schlingt sich über eine Muschel.

MAROKKO ▷

Das grüne Salomonssiegel aus der Flagge von 1915 erscheint vor dem Hintergrund des Atlasgebirges (1958).

◁ ITALIEN

Die arbeitsame (Zahnrad) Nation (Stern) genießt die Segnung von Frieden (Oelzweig) und Stärke (Eiche).

BRASILIEN ▷

Der große Stern in den Nationalfarben trägt seit 1889 das »Kreuz des Südens«, umrahmt von Tabak und Kaffee.

◁ SAN MARINO

Die Topographie der kleinen Republik spiegelt sich in den mit Straußenfedern besetzten Türmen wider.

HONDURAS ▷

Seit 1825 ruht über einer Bergwerkslandschaft ein Oval, darin ein Regenbogen über der Sonne und einem Vulkan.

◁ KOREA (Nord)

Laut Art. 147 der Verfassung zeigt das Wappen eine hydroelektrische Großstation unter dem roten Stern.

RUMÄNIEN ▷

Die Verfassung von 1965 änderte den Landesnamen, die von 1952 fügte den Stern zur Bohrstelle im Bergwald.

◁ LAOS

Reisfelder dehnen sich neben einem Wald längs einer zu einem großen Wasserwerk führenden Fernstraße.

◁ BOLIVIEN

Die Sonne bescheint den silberführenden Berg von Potosí, davor ein Alpaka neben Brotbaum und Garbe.

NICARAGUA ▷

Im freimaurerischen Dreieck sendet die jakobinische Freiheitsmütze Strahlen über die meerumspülten Berge.

◁ EKUADOR

Ein Handelsschiff schwimmt vor dem Chimborazo unter den Tierkreiszeichen der Revolutionsmonate von 1845.

EL SALVADOR ▷

Das Wappen ist fast das gleiche wie das von Nicaragua; über den Vulkanen steht das Datum der Freiheit.

◁ NEPAL

Von Rhododendron umrahmt, stehen eine heilige Kuh und ein Fasan unter Sonne und Mond in Nepals Berggelände.

◁ COSTA RICA

Das Wappen spiegelt ebenfalls die gemeinsame mittelamerikanische Geschichte wider, zeigt aber nur drei Berge.

KOLUMBIEN ▷

Die Freiheitsmütze trennt die Füllhörner und Granatapfel (Neugranada) von der Landenge von Panama.

◁ LIBERIA

Auf die Gründung eines freien Staates durch freigelassene Neger und deren Hoffnung weist das Seestück hin.

KUBA ▷

Aus dem Wappen der Hauptstadt stammt der Schlüssel, der Kubas Lage im Golf von Mexiko versinnbildlicht.

◁ SESCHELLEN (Seychellen)

1976 wurde das Abzeichen mit der fruchttragenden Seekokospalme und der Riesenschildkröte zum Wappen.

BAUWERKE UND GERÄTE

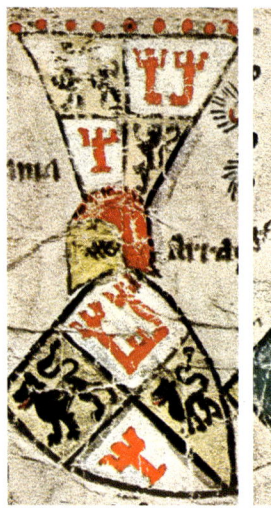

Frei erfundene, aber immerhin »redende« Wappen von Kastilien (Kastelle) und Portugal (Pforte); aus der Zürcher Wappenrolle.

Für die von Menschenhand gefertigten Gegenstände gilt der gleiche Grundsatz wie für alle anderen Wappenbilder: kein Gegenstand ist zu wertvoll und keiner zu geringwertig, um als Wappenbild in Anspruch genommen werden zu können. Die Gegenstände sollten nur zweidimensional darstellbar sein, wobei eine gewisse Plastik oder Reliefwirkung durchaus zulässig ist.

Unter den Gebrauchsgegenständen nehmen die Bestandteile der zivilen Kleidung einen breiten Raum ein, besonders auffällig die Formen der Ärmel und hierbei vor allem die mit der angeschnittenen Tasche, vielleicht für das Gebetbuch. Wieder sind die Engländer Meister in der graphischen Fortentwicklung der Silhouette dieser Ärmel, die bei den Franzosen wegen ihrer Deformierung *manche mal taillée,* in englischer Sprache einfach nur *maunche* heißen. Auch bei der Identifizierung von Klei-

Unten: Die mittelalterlichen englischen Wappenschöpfer erwiesen sich als besonders phantasiereich im Umgang mit Gebrauchsgegenständen. Drei Musikinstrumente (Claricords), drei Löffel (spoons) als redendes Wappen eines Herrn Sponely und drei lange Strümpfe mit ihren Strapsen.

Ausschnitt aus der Tischplatte der Zunft »zu Gerbern« in Solothurn (begonnen 1594).

dungsstücken kann man redenden Wappen begegnen. Wer etwa eine offene Hose führen möchte, heißt auch mit Familiennamen entsprechend, wie der Holländer Abenbroek. Eßwerkzeuge sind ziemlich seltene Figuren, dagegen ist – wiederum in England – ein chirurgisches Instrument, der Aderlaßschnepper, öfter anzutreffen und, da wir in England sind, natürlich »stilisiert«, so daß er wie die Ziffer 7 aussieht.

Mit der Ausbreitung des Wappenwesens über die ritterlichen Kreise hinaus nimmt die Zahl der Wappen mit Werkzeugen und Geräte zu, von der Landwirtschaft – dort finden sich vornehmlich die Pflugschar, aber auch ganze Pflüge – bis zum Handwerk. Dessen Werkzeuge kommen nicht nur in den Wappen der gewerbetreibenden Personen vor, sondern auch in den Wappen und Fahnen ihrer Innungen und Zünfte, bei diesen so oft in Verbindung mit den Ortswappen, daß sich nur wenige allgemeine Gewerbewappen herausbilden konnten, nämlich nur bei den Malern und den Schmieden.

Natürlich können mehrere Gebrauchsgegenstände verschiedener Herkunft in einem Schilde vereinigt sein. Der hier abgebildete Zunfttisch der Gerber von Solothurn liefert Beispiele dafür, wenn Pflugschar (Herkunft) und Gerbermesser (Beruf) zusammen erscheinen. Zu den schwierig zu erkennenden Figuren gehört die Dachziegelform, die oft in Wappen von Familien des Namens Ziegler oder ähnlich vorkommt. Auf dem Solothurner Gerbertisch erscheint sie zweimal. Nur für Kenner offenkundig sind die Seilerhaken, mit denen die Seile gedreht werden; auf dem Gerbertisch ist eine Familie mit einem solchen Haken viermal vertreten. Die aus Schäften bestehenden Werkzeuge haben mit den sogenannten Hausmarken eine gewisse Ähnlichkeit. Daß die Hausmarken ihrerseits auch eine formale Ähnlichkeit mit den altgermanischen Runen haben, hat in den Jahren nach dem Ersten Weltkrieg zu abenteuerlichen Spekulationen über den auf die Runen zurückführenden Ursprung der Wappen überhaupt geführt. Die Übereinstimmung von Runen und Hausmarken besteht nur in der Fertigungstechnik, die von der Ritzung quer zur Maserung des Holzes bestimmt ist. Daher gibt es bei den Hausmarken keine gebogenen Linien, sondern nur Ansätze im Winkel. Hausmarken kommen in klassischen Wappen nicht vor, darum gibt es auch fast keine verliehenen Wappen mit einer Hausmarke. Gelegentlich werden, etwa bei einer Nobilitierung, aus den Hausmarken echte Heroldsbilder konstruiert. Dies dürfte eine Parallele in der Besonderheit der polnischen und litauischen Heraldik finden, in der schmale Gegenstände wie Hufeisen, Pfeile und dergleichen typisch sind. Wieweit hier ein Zusammenhang mit den *Tamga* heißenden tatarischen Hausmarken, die in Innerasien noch üblich sind – etwa auf der Stirnseite der Zelte besteht, ist bisher noch nicht ernstlich untersucht worden. Da solche Zeichen ähnlich wie Hausmarkentypen eigene Benennungen tragen, wurden sie in Westeuropa oft mißverstanden, wofür das Wappen von Litauen ein Beispiel liefert.

Die vier Wappen mit den Ärmeln, an denen Buchbeutel hängen, gehörten Burgmannen des Kurfürsten von Trier auf Burg Neuerburg und bezeichnen ein gemeinsames Vasallenverhältnis.

Trotz seiner Rüstung ist der König von Kastilien und León unmittelbar an seinem Wappen zu erkennen, das auf Rock, Geschirr und Helm immer wieder erscheint.

Zu den in der Heraldik oft vorkommenden modischen Accessoires gehören die Gürtelschnallen verschiedener Gestalt, manchmal auch mit durch den Schild gestecktem Dorn.

BAUWERKE UND GERÄTE

BRUNEI ▷

Neben dem geflügelten Baldachin stehen seit 1959 zwei Hände; darunter die Inschrift: »Brunei, Haus des Friedens«.

◁ TUVALU

Das Beratungshaus (Maneapa) steht auf einer Insel, von acht Bananenblättern und acht Meeresmuscheln umrahmt.

KAMPUCHEA (Kambodscha) ▷

Der Angkor-Tempel an Stelle des Sterns, so ahmt Kampuchea Vietnam nach; vorher tat es eine Reisplantage.

◁ ANTIGUA

Die Sonne bescheint auf schwarzem Grund Zuckerrohrmühlen auf den Hügeln der weißstrandigen Inseln.

BOPHUTATSWANA ▷

Sorghum und Ochsenkopf begleiten ein Bergwerk auf dem von zwei Leoparden gehaltenen Bantu-Schild.

◁ TRANSKEI

Ein Maiskolben, ein Zahnrad und ein Ochsenkopf begleiten einen Dachsparren in heraldischem Schild.

BELIZE ▷

Ein Segelschiff und mehrere Werkzeuge zur Gewinnung von Mahagoniholz, vereinen sich im Göpelschnitt.

◁ BAHAMAS

1971 wich die Königskrone der aufgehenden Sonne und so auch das britische Schiff der Santa Maria des Kolumbus.

SURINAM ▷

Die Palme begleitet seit 1959 das jahrhundertelang traditionelle Segelschiff und die Amerindianer daneben.

◁ GABUN

Zu den Nationalfarben tritt das afrikanischschwarze Staatsschiff unter den Zeichen des Mineralreichtums.

◁ TUNESIEN

Mit »Ordnung, Freiheit, Gerechtigkeit« erläutert das Spruchband das punische Schiff, die Waage und den Löwen.

KUWAIT ▷

Der populäre Falke trägt das Bild einer Dhau und auf der Brust einen Schild wie die Nationalflagge.

◁ ST.-CHRISTOPHER-NEVIS-ANGUILLA

Der Sparren trennt zwei Poinciana-Blüten von einem Schoner; darüber der Karibierkopf zwischen britischen Badges.

QATAR ▷

Die Dhau neben zwei Palmen steht als Hoheitszeichen im Wettbewerb mit der braun-weißen Nationalflagge.

◁ MAURITIUS

»Stern und Schlüssel der Indischen See« erhielt 1906 sein Wappen, heraldisch überarbeitet, neu verliehen.

ANDORRA ▷

Mitra, Krummstab und vier Pfähle vertreten den Bischof von Urgel, drei Pfähle und die Kühe: Frankreich, amtlich falsch koloriert.

◁ TRINIDAD UND TOBAGO

Im nationalfarbigen Schild schweben zwei Kolibris über drei Schiffen aus der Flotte des Kolumbus.

SCHWEDEN ▷

König Albrecht von Mecklenburg siegelte 1364 als erster mit dem Drei-Kronen-Wappen; warum, ist unklar.

◁ VATIKANSTADT

Die Tiara oder das Triregnum steht über den gekreuzten Schlüsseln, einem zum Binden und einem zum Lösen.

ÄTHIOPIEN ▷

Ein von Menschen am Seil zu ziehender Schwingpflug steht vor Sonne und Zahnrad, darunter der alte Löwe.

◁ RHODESIEN (Zimbabwe)

Das 1924 verliehene Wappen vereinigt eine Spitzhacke mit Bestandteilen aus Cecil Rhodes' posthumem Wappen.

SWAZILAND ▷

Der Bantu-Schild des Emasotsha-Regiments steht in einem heraldischen Schild zwischen Löwe und Elefant.

◁ KONGO (Brazzaville)

Hammer und Hacke zeigen die im Aufbau eines neuen Kongo vereinigten, vom Stern geführten Klassen an.

SALOMON-INSELN ▷

Der Eingeborenen-Schild stand auch im Wappen von 1956. Die Harpunen sind neu, die Schildkröten werden seit 1947 geführt.

◁ GAMBIA

Nur der Landwirtschaft zugewandt ist die Symbolik von Gambia; in Blau sind Axt und Hacke gekreuzt.

ANGOLA ▷

Mais, Kaffee, Baumwolle und ein Zahnradstück umrahmen die Sonne hinter dem Buch mit Machete und Hacke.

◁ RUANDA

Ein Bauernvolk braucht Hacke und Heppe; Zur Verteidigung des Friedens (Taube) dienen Pfeil und Bogen.

MADAGASKAR ▷

In Sonnenstrahlen über dem Meer erheben sich drei Pfeilspitzen über Flinte, Schippe und Schreibfeder.

◁ OMAN

Die beiden gekreuzten Schwerter in der Scheide sind mit dem Gambia-Dolch und dem Wehrgehänge gekreuzt.

MOÇAMBIQUE ▷

Über der Landkarte am Ozean kreuzen sich Hacke und Sturmgewehr über einem Buch vor strahlender Sonne.

ISRAEL ▷

Der siebenarmige Leuchter, die Menorah, wird so dargestellt wie auf dem Titusbogen, als römische Beute.

◁ KAMERUN

Statt Waage und Schwert steht jetzt eine Hand mit Fackel vor der Landkarte, unter dem Stern der Einheit.

FRANKREICH ▷

Das demokratische Liktorenbündel dient seit der großen Revolution; die gültige Form stammt von 1929.

◁ URUGUAY

Der nationalfarben quadrierte Schild enthält Symbole für Gerechtigkeit, Stärke, Freiheit und Reichtum.

SOWJETUNION ▷

Sichel und Hammer stehen seit 1924 vor der Weltkugel, die Spruchbänder ändern Zahl und Text nach Umständen.

◁ TANSANIA

Lanze, Axt und Hacke kamen bei der Vereinigung von Tanganjika mit Sansibar zu der Fackel noch hinzu.

DEUTSCHE DEMOKRATISCHE REPUBLIK (DDR) ▷

Bauern, Werktätige und Intelligenz sind durch den Ährenkranz, den Hammer und den Zirkel repräsentiert.

◁ SIERRA LEONE

Über dem heraldisierten »Löwengebirge« am Ozean stehen drei leuchtende Fackeln der Aufklärung in Afrika.

BOTSWANA ▷

Die Zahnräder bedeuten den Wunsch nach Industrialisierung; noch überwiegt aber die Schlachtviehhaltung.

◁ JUGOSLAWIEN

Die sechs Fackeln bedeuten die sechs Teilrepubliken; 1944 bis 1963 waren es nur fünf für die Nationalitäten.

◁ BURMA

Zum Wappen von 1948 (Landkarte) trat 1974 das Zahnrad; der Löwe wich dem großen Fünfeck-Stern.

UGANDA ▷

Die den Äquator bescheinende Sonne steht über der Trommel, dem Attribut der einstigen Königsmacht.

◁ PORTUGAL

Die überlieferten fünf »Quinas« mit dem Burgen-Rand umrahmt seit 1910 König Manuels Himmelsglobus.

NAURU ▷

Das Phosphorzeichen bedeutet »Guano«; im Fregattvogel neben den Tomano-Blüten wohnen die Seelen der Ahnen.

◁ IRLAND

Seit König Heinrich VIII. von England glaubte, eine Harfe sei das alte Wappen, ist sie auch das gültige.

Der Helm

Prunkhelm vom Leichenzug Kaiser Karls V. 1558.

Jedes Gerät aus starrem Material, das dazu bestimmt ist, den Kopf und insbesondere die Schädeldecke gegen Verletzungen von außen zu schützen, verdient die Bezeichnung »Helm«.

Helme, die an der Entstehung des Wappenwesens »schuld« sind, sind solche, die das Gesicht ganz oder doch so weit verdecken, daß man die Person nicht sicher identifizieren kann.

Die englischen Bogen- und Armbrustschützen waren in den späteren Kriegen gefürchtete Gegner. Mögen sie nun ihre Kunst bei den Sarazenen gelernt haben oder

Rechts: Aufsetzen des Helms durch die Angebetete vor dem Waffenkampf. Daß der Kämpfer um die Minne der Dame wirbt, bezeugen die Lettern »A« (=Amor) auf seinem Wappenrock.

Die Kampfszene aus dem 14. Jahrhundert zeigt links den Eisenhut mit seiner breiten Krempe, der das Gesicht freiließ; der geschlossene Helm, unter dem es sehr heiß wird, konnte in Pausen zum Luftschöpfen aufgeklappt werden.

nicht, man erkannte jedenfalls um 1200 die Notwendigkeit, das Gesicht besser zu schützen. Dabei gab man aber einen technischen Vor-

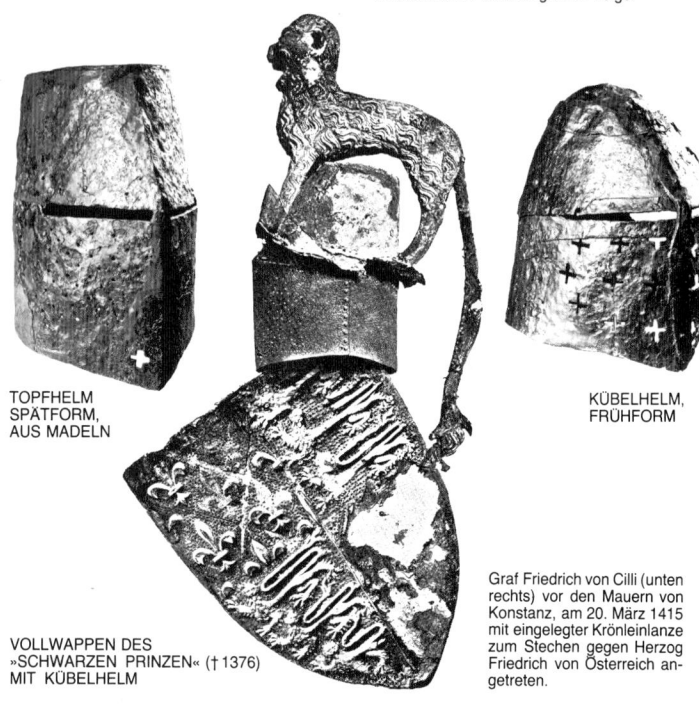

Die Reihe zeigt eine Auswahl verschiedener Helmformen in chronologischer Folge.

TOPFHELM SPÄTFORM, AUS MADELN

KÜBELHELM, FRÜHFORM

VOLLWAPPEN DES »SCHWARZEN PRINZEN« († 1376) MIT KÜBELHELM

Graf Friedrich von Cilli (unten rechts) vor den Mauern von Konstanz, am 20. März 1415 mit eingelegter Krönleinlanze zum Stechen gegen Herzog Friedrich von Österreich angetreten.

teil auf, anscheinend ohne sich dessen bewußt zu werden. Denn die vor dieser Zeit bekannten Helme liefen nach oben konisch zu und ließen manchen Schwertschlag abgleiten. Es muß an der damaligen Schmiedetechnik gelegen haben, daß diese sinnreiche Form der früheren Helme preisgegeben wurde. Der neue Helm ist oben ganz flach und sieht wie ein Topf aus, den man über den Kopf gestülpt hat. Für die Augen bleibt nur ein Schlitz offen, die Nasenpartie ist verstärkt und kann auch ornamental ausgeziert sein. Die Wangen wurden mit Platten abgedeckt, aber nicht mit den einst üblichen Ohrenklappen, sondern mit um das Kinn anliegenden Schalen. Unter einem solchen Helm war nur mühsam durch einige Luftlöcher auf der Wangenseite zu atmen. Einen Fortschritt bedeutete es dann schon, wenn die Vorderfront wie eine Schranktür geöffnet werden konnte. Dazu mußte man allerdings erst Scharniere fertigen können. Die zeitgenössischen Dichter schilderten gern und ausführlich, wie breit die Verstärkungsbänder waren, vor allem die vergoldeten.

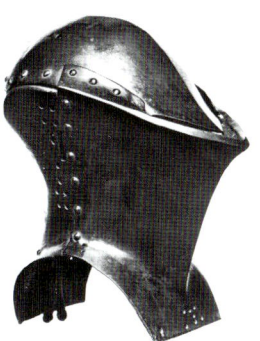  

STECHHELM, FLORENTINER ARBEIT   KOLBENTURNIERHELM   GITTERHELM, SPÄTFORM

Aber niemand äußerte sich darüber, daß ein Schwertschlag auf das Dach des »Topfhelmes« verderbliche Folgen gehabt haben muß.

Es sollte noch ein Jahrhundert vergehen, bis man wieder zur konischen Hochwölbung des Schädeldaches gelangte und damit einen besseren Schutz gegen Schwertschläge erzielte. Das immer größere Gewicht der neueren Helme, die von den Heraldikern »Kübelhelme« genannt werden, wurde dadurch erträglicher gemacht, daß der Helm seitlich nach unten verlängert war und auf den Schultern aufsaß, denen die Wucht des gegnerischen Schwertschlages weniger Schaden zufügt als dem Schädel.

Dann bildeten sich zwei getrennte Entwicklungslinien heraus, eine rein kriegerische und eine mehr sportliche. Der Kampfsport wurde in den weiterhin in überlieferter Form ablaufenden Turnieren aus-

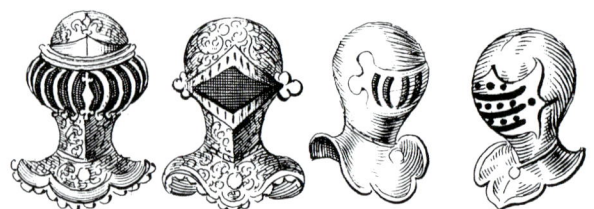

geübt; er ist für das Wappenwesen wichtiger geworden als die militärische Kriegführung. Die Kriegführung, in der mehr und mehr von der Lehensfolge abgesehen und statt dessen Söldner angeheuert wurden, schuf verhältnismäßig schlichte Ausrüstungsstücke wie den Eisenhut, der durch eine breite Krempe vor Schwertschlägen schützte und durch das freibleibende Gesicht Atemholen und allgemeine Beweglichkeit erleichterte. Die Atmung scheint bei den Hel-

Unten: Der Ausschnitt aus dem gotischen Falttisch von Lüneburg (um 1330) zeigt das Wappen des Königs von Frankreich mit der Helmzier von Philipp August; rechts jenes des Königs von Böhmen.

men ein großes Problem gewesen zu sein: Eine weitere Verbesserung des Kübelhelms bestand in dem hochklappbaren Visier, das leichter zu bedienen ist als die schranktürförmige Klappe. Dieses hochklappbare Visier geht auch mit der allgemeinen Kunstentwicklung in

Der sog. Pranker Helm (um 1350) stammt aus dem Stift Seckau in Österreich. Technisch bedeutet dieser Helm einen erheblichen Fortschritt, indem die fünf Eisenplatten, aus denen er gefügt ist, oben konisch zusammenlaufen und einen Schwertschlag abgleiten lassen können. Die Helmzier bestätigt, daß der Helm nicht im Gefecht, sondern beim Turnier getragen wurde.

Links: Das Wappenbuch des Konrad Grünenberg ist reich an typischen Helmdecken-Gestaltungen, hier von links nach rechts die folgenden Typen: parallel laufende Bänder; gezaddelter Stoff; ähnlicher Schnitt, aber mit der Metallseite nach außen; Stoffbahnen mit dekorativem Faltenwurf.

der Gotik einher, die zu spitzen Formen neigte. So entsteht für die sportlichen Turnierzwecke der Stechhelm, der nicht etwa so heißt, weil er vorne in eine stechende Spitze ausläuft, sondern weil er der angemessene Helm für das Stechen, das Turnier mit Lanzen, war, bei dem die Gegner einander vom Pferde zu stoßen trachteten. Um dieser Absicht zu begegnen, wurde die Verbindung zwischen dem Helm und der übrigen Rüstung im-

Rechts: Ob der Minnesänger Wolfram von Eschenbach hier wirklich mit seinem wahren Wappen dargestellt ist, muß man bezweifeln; daß er etwa sein angebliches Familienwappen (Blumen in einem Henkeltopf) einer Dame zuliebe mit den Streitäxten vertauscht haben sollte, ist kaum glaublich – vielleicht war es gerade umgekehrt, und das Blumentopfwappen wäre ein Minnesymbol. Das Bild zeigt jedenfalls deutlich, wie stangenförmige Helmzierden bequem an der Seite der Topfhelme befestigt werden konnten. Schild, Helmzier und Fahne stimmen vollauf überein.

mer stabiler. Zur Verbesserung dieser Verbindung verlängerte man die Brustpartie der bisherigen Topfhelme so weit, daß der Stechhelm jetzt mit der Rüstung des Oberkörpers fest verschraubt werden konnte. Die so entstandene Gestalt der Helme ist auf Jahrhunderte hinaus das Standardmodell der heraldischen Helme geworden. Die Befestigung des Helms mittels seines Bruststücks am Oberkörper kann auch dadurch ersetzt werden, daß die Unterpartie des Helms, der Bart, nicht mehr zum Helm gehört, sondern an der Rüstung als deren Verlängerung nach oben ausgearbeitet ist. Damit besteht der Helm nur aus der oberen Partie; er hat dann auch einen eigenen Namen, der oder die Schaller, französisch *salade*. Auch dieser Name ist wie die aller anderen Helmformen, der Ähnlichkeit mit einem Küchengeschirr zu verdanken; wir kennen ja in der Waffenkunde nicht nur Topf- und Kübelhelme, sondern auch Kessel- und Beckenhauben, die man unter die eigentlichen Kampfhelme zog. Auf Grabsteinen sieht man oft den Bestatteten mit der Beckenhaube, dem *bassinet*, bekleidet; neben oder hinter dem Haupt liegt dann der Kampf- oder Turnierhelm. Der Schaller oder Schallern ist als heraldischer Helm deswegen nicht brauchbar, weil er mangels eines Schulterstücks nicht

Drei der 24 Varianten von Helmzierden aus dem Elsässer-Geschlecht der Herren von Müllenheim, 1701.

auf einem Wappenschild ruhen kann; es gibt daher nur ganz wenige Beispiele, die eine *Salade* als heraldischen Helm benützen. In diesen Fällen muß ihr ein eigenes Bartstück untergestellt sein.

Das Erscheinungsbild des Reiters *(unten)* zeigt genau die in Wappendarstellungen üblich gewordene Anordnung von schrägstehendem Schild und darauf aufsitzendem Helme. Siegel des Grafen Otto von Fürstenberg, Mecklenburg.

als dem Adel gleichgestellt galten, zum Beispiel wer den Doktortitel der Rechtswissenschaft oder der Theologie erworben hatte. In den Ländern, die nicht der Jurisdiktion des deutschen Kaisers unterstanden, entwickelten sich andere Grundsätze, die auf einer noch adelsfreundlicheren Einstellung oder auf einer demokratischen Verfassung beruhen.

Die Kunstformen der Renaissance waren der Darstellung der Wappenhelme nicht förderlich; aus der Wappenkunst verschwanden sie aber nicht.

In der Blütezeit der Heraldik spielen die Helmzierden eine höchst dekorative Rolle.

Wegen der kammartigen Gestalt der primitiven Helmzierden heißen

Der Übergang vom Stechen mit Lanzen zum Kolbenturnier, bei dem es nur noch auf das Abschlagen der Helmzier ankam, brachte eine weitere Veränderung. Das Blickfeld wurde weiter geöffnet, nur einige vorgesetzte Spangen schützten das Gesicht. Die Verwendung dieser Helmform, des Spangen- oder Bügelhelms, als Wappenhelm wurde in Deutschland durch die Praxis der kaiserlichen Kanzlei auf den Adel als den Träger der Turniertradition beschränkt; an diesem Privileg hatten auch gewisse Personen Anteil, die

im Englischen alle Helmzierden *crest*, während in Deutschland nur eine aus diesen Kämmen entwickelte Helmzier eine auf den Ursprung hindeutende Bezeichnung trägt: »Schirmbrett«.

Die zunehmende Prunkentfaltung bei den Helmen geht mit der ritterlichen Lebensführung einher, die in den höfischen Turnieren ihren Höhepunkt fand. Die Zeitgenossen empfanden die Aufbauten auf den Helmen als kunstvolle Dekoration und nannten sie in Deutschland mit einem schmückenden Wort »Kleinod« oder »Zimier« nach dem französischen Wort *cimier,* das von *cime* (Gipfel) abgeleitet ist. Die bildlichen Darstellungen aus dem Mittelalter müssen in jedem Fall darauf überprüft werden, ob sie einen tatsächlichen oder einen idealen Zustand wiedergeben. Das gilt in gewissem Sinn bis heute: Zeremonielle Gewandung für bestimmte Personen, die nur theoretisch getragen werden könnte, wird bis in unsere Tage auf Repräsentationsbildern vollständig dargestellt.

Eine Auswahl der typischsten Helmzierden der Blütezeit: wachsende, „oberhalbe" Menschen; Rümpfe, also Oberkörper ohne Arme; Köpfe aller Rassen; Arme; Beine; Büffel- oder Stierhörner; Pfauenfederbusch; dreidimensionale Lilien; Tierkörper; besonders viele Federn von allerlei Gestalt.

Aus dem Wappenbuch des Konrad Grünenberg, 1483. Ein für die Helmschau bestellter Herold prüft die Helme der Teilnehmer, auf deren Halspartie der zugehörige Schild gemalt ist, um Verwechslungen zu vermeiden.

Die Gestalt der Helmzier wirkt sich auf die graphische Darstellung aus. Der in Wirklichkeit getragene Helm konnte von allen Seiten betrachtet werden; die Übertragung auf das geduldige, aber eben auch unbewegte Papier erfordert die Überlegung, wie die günstigste Gesamtwirkung erzielt werden kann, wenn man davon ausgeht – und das soll man bis heute –, daß die Achse

oder Richtung der Helmzier mit der des Helmes übereinzustimmen hat. Das galt schon für den Topfhelm und blieb so beim Kübelhelm. Beide Helme lassen sich im Profil wie in Vorderansicht leicht darstellen.

Besteht die Helmzier nur aus einer einzelnen Figur, etwa einem Ast, ist es gleichgültig, welche Ansicht der Helm bietet, denn ein Ast kann von allen Seiten gleich gut wiedergegeben werden. Das gilt in noch stärkerem Maße für die auf einem Schaft aufgebauten Glockenspiele, die im Lauf der Jahrhunderte oft mißverstanden wurden, woraus Kämme entstanden.

Die Helmdecke, anfänglich nur ein den Helmnacken bedeckendes farbiges Tuch, dürfte – das ist jedenfalls die allgemeine Auffassung – ihren Ursprung dem heißen Klima im Vorderen Orient verdanken.

Je mehr die Wappenführung sich von der Waffenpraxis auf graphische Ebene verlagert, um so stärker gewinnen die Erscheinungsformen der Textilmode Einfluß auch auf die Helmdecken, die – von kurzen »Verirrungen« abgesehen – stets als aus Stoff aufgefaßt wurden. So gewinnt die Helmdecke eine graphische Funktion, die ihr

Das Vollwappen des Königreichs Aragon mit dem wachsenden Drachen in der Helmzier *(links)* ist mit einer Helmdecke versehen, die der Übersteigerung der Spätgotik entsprechend lange spitzzulaufende Lappen an den Längsseiten erhält. An den Enden hängen Quasten.

Die ornamentale Ausgestaltung der Helmdecken kann sich auch in kleinen Dessins auf einer Stoffseite oder sogar auf beiden Seiten auswirken, wobei die Motive aus der Helmzier (Würfel), oder aus den Schildbildern (»Waterbougets«, *rechts*) abgeleitet sind.

nicht aus ihrem Ursprung, sondern aus den Kunstströmungen aller Epochen zufließt. Vom Formalen abgesehen, ist die Helmdecke auch als farbiges Element zu bewerten. Mit dem Anwachsen des Nationalbewußtseins veränderte sich vielfach auch das soziale Gefüge und folglich auch seine sichtbare Erscheinungsform. Das machte sich in der Bewertung der Helmzier in auffälliger Weise bemerkbar.

In Italien, dem Lande, das als das Stammland der Renaissance betrachtet werden kann, waren bis um 1500 die Helmzierden außer-

165

Wappen des Nils Erengislesson zu Hammersta nach seinem gemalten *Exlibris* 1409–1440. Der Helm – eine Übergangsform vom Kübel zum Stechhelm – trägt eine noch ganz als Tuchbahn empfundene Helmdecke, deren Farben zu denen in Schild und Helmzier keine Beziehung haben.

ordentlich eindrucksvoll entworfen und ausgeführt. Große Familien wetteiferten in der Erfindung verschiedener Helmzierden für verschiedene Anlässe; so führten die Visconti entweder die gleiche Schlange auf dem Helm, die sie auch im Schilde führten, oder gleichzeitig auch einen roten Baum. Die gotischen Formen gestatteten nicht nur die Führung von Helmen mit ihrer Zier ohne Beifügung des Schildes, sondern auch ein optisches Übergewicht, vor allem, wenn an die Stelle des Schildes eine Tartsche trat. Die architektonischen Formen der Renaissance eigneten sich dagegen kaum zur Fortentwicklung dieses Stils.

Rechts: Albrecht Dürer strebte auch bei Wappenzeichnungen Naturnähe an; seine Helmdecken sind stets so angelegt, daß man sie auseinanderblättern könnte. Im Wappen der Herren von Rog(g)endorf sind die Helmzierden des Wappens Rogendorf (mit Pfauenfedern besteckte Büffelhörner) und des Wappens Wildhausen (wachsender gekrönter Löwe) auf einem Helm vereinigt.

Rechte Seite:
Bildnis Kaiser Heinrichs VI., in »Majestät« mit allen Zeichen seiner Würde in der »Großen Heidelberger Liederhandschrift« dargestellt. Er sitzt auf dem Thron, mit der schlichten Laubkrone bedeckt, das Szepter und ein Schriftpergament in den Händen haltend, neben sich das Schwert und über sich die Zeichen des Reiches, den Schild mit dem Adler, der auf dem gekrönten Helm wiederholt wird.

Die Krone

Münzen mit Herrscherporträts.

Ptolemaios V. Epiphanos (204–180 v. Chr.).

Julius Caesar (100–44 v. Chr.).

Napoleon I., Kaiser der Franzosen (reg. 1804–1815).

Welche soziale Ordnung der Mensch sich auch schaffen mag, sie gipfelt immer in einem obersten Repräsentanten, heiße er nun Häuptling, Vorsitzender des Ministerrats, Oberbefehlshaber, König, König der Könige oder Kaiser.
Ganz schlichte, im Nacken verschlungene Bänder vor der Stirn genügten den machtvollen Königen des alten Vorderen Orients als Würdezeichen. Das griechische Wort *Diadem,* das wir heute für einen prunkvollen Kopfputz brauchen, bedeutet eigentlich nur »Zusammengebundenes«, von διαδέω, ich binde zusammen. Die über den Rücken hängenden Bandenden der vorderasiatischen Königsdiademe betonen den geistlichen Charakter des Königtums allenthalben noch zu Zeiten, da aus dem schlichten Stoffband goldene, edelsteinbesetzte Reifen geworden waren. Und dies war in der »heraldischen« Zeit längst der Fall.
Dem kulturellen Zusammenbruch Europas seit der Völkerwanderung war im 8. Jahrhundert eine Rückbesinnung auf die Werte der Antike gefolgt, eine Rückbesinnung,

Zeitgenössisches Bild vom Besuch Kaiser Karls IV. bei König Karl V. von Frankreich am 4. Januar 1378 in Paris. Angeblich soll der König von Frankreich seinen Oheim zwar mit allem Pomp empfangen und bewirtet, aber vermieden haben, ihn als den Ranghöheren zu behandeln. Die Bildnisse der beiden Herrscher heben aber einen Rangunterschied hervor, indem sie dem Kaiser eine Krone mit Bügel zuerkennen.

Porträt des Sagenkönigs Artus mit einem der ihm von der Nachwelt zugeschriebenen, aus drei Kronen gebildeten Wappen, das er auf Kleidung und Lanzenwimpel zeigt.

die es schwer hatte, auf Tatsachen aufzubauen, deren Kenntnis fast ganz verlorengegangen war. Immerhin: Einem Fürsten kam ein Stirnreif zu; welcher Gestalt er zu sein habe, blieb unbestimmt.

In der Blütezeit der Heraldik, also im 13. bis 15. Jahrhundert, gibt es eine schematische Normalkrone, einen Stirnreif, auf dem vier Laubblätter montiert sind, eines über der Stirn, eines im Nacken und je eines über den Wangen. In heraldischer Darstellung sind dann ein Blatt ganz und zwei Blätter je zur Hälfte sichtbar. Manchmal sind die Zwischenräume durch kleine Zinken belebt. In der Bildniskunst genügt eine solche Krone, um einen König erkennbar zu machen, ja auch um Königtum als solches aus-

Siegel *(unten)* der Königin Margarete von Dänemark († 1412), die durch die Kalmarer Union auch Königin von Schweden und Norwegen war; sie brachte das in einem Dreikronenwappen zum Ausdruck.

beiden Schutzgöttinnen zuvor auf ihren Häuptern getragen worden waren.

Die Kronen der vorderasiatischen Könige ahmen die Strahlen der Sonne nach; im alten Ägypten stand, solange der Sonnenkult den Götzendienst verdrängt hatte, die Sonnenscheibe in den hohen Federgerüsten, die als Krone dienten. Wie nahe sich Priestertum und Königtum stehen können, zeigen die Münzen kleinasiatischer Könige.

Auch Oberster Kriegsherr und Kaiser können identisch sein. Wenn sich die Imperatoren des al-

zudrücken. Die Könige werden mit einer solchen Krone angetan dargestellt, selbst unter Umständen, die das effektive Tragen der Krone unmöglich machen, etwa zur Schlafenszeit. Eine Krone dieser Art ist so sehr zum Sinnbild der Königswürde geworden, daß viele Fürsten für neuerworbene Länder, die sie als Königreiche vereinnahmten, einfach eine Königskrone oder auch mehrere als Wappen benützten, wenn es zuvor noch keines gab.

Alle vorchristlichen Herrscher leiteten die Berechtigung zu ihrer Gewaltausübung von höheren Mächten ab; die Vereinigung beider Teile des alten Ägypten drückte man durch Verbindung der beiden Kronen aus, welche von den

ten Rom, die ja wörtlich »Befehlshaber« hießen, mit einem schlichten, aber immer aus reinem Gold gefertigten Lorbeerkranz begnügten, so mag man darin eine Fort-

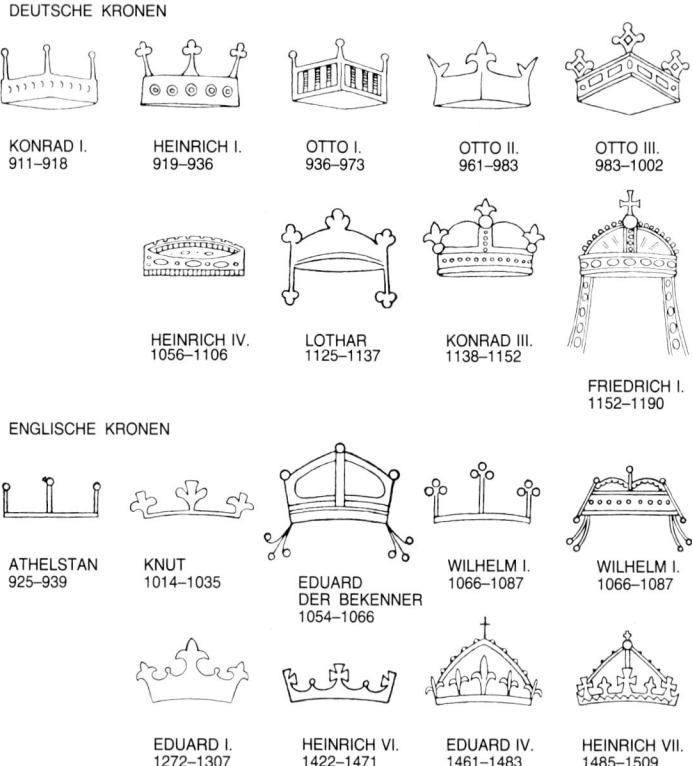

Bis zum 14. Jahrhundert kann man nicht von einer echten Entwicklung der königlichen Krone sprechen; die Typen sind zu verschieden. Eine deutsche und eine englische Übersicht, die aus Siegeln und Buchmalereien entnommen sind, mögen das verdeutlichen.

entwicklung sportlicher Siegerehrung sehen, die in einem natürlichen Lorbeerkranz bestanden hatte. Julius Caesars Name und der Titel »Imperator« sind inzwischen Bezeichnungen für eine dem Königsrang übergeordnete Würde geworden. Wer sich im 19. Jahrhundert Kaiser oder in der französischen Abwandlung des Imperator *Empereur* nannte, schmückte sein Haupt mit dem antiken Lorbeerkranz, nicht nur auf Münzen (S. 168), sondern auch im zeremoniellen Auftritt. Napoleon I. hatte sich im Mai 1804 zum Kaiser ausrufen lassen; bei der im Dezember 1804 nachgeholten Krönung setzte er sich selber einen goldenen Lorbeerkranz aufs Haupt.

Wenn er hiermit an das antike Rom anknüpfte, so war das folgerichtig, denn sein Kaisertum hatte sich aus der Republik in ähnlicher Weise entwickelt, wie im Rom der Cäsaren.

Die Formen der königlichen und kaiserlichen Kronen waren bis ins 13. Jahrhundert noch keineswegs schematisiert. Die gelegentlich an Kettchen über die Ohren des Kronenträgers hängenden Juwelen lassen orientalischen Einfluß erkennen und bedeuten sicherlich einen der vielen Versuche, es den oströmischen Kaisern gleichzutun.

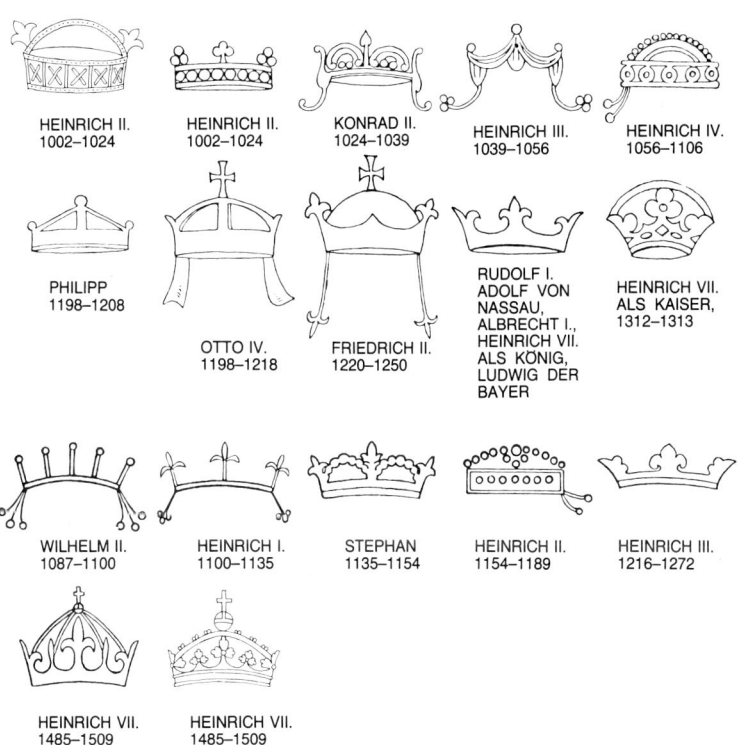

HEINRICH II. 1002–1024

HEINRICH II. 1002–1024

KONRAD II. 1024–1039

HEINRICH III. 1039–1056

HEINRICH IV. 1056–1106

PHILIPP 1198–1208

OTTO IV. 1198–1218

FRIEDRICH II. 1220–1250

RUDOLF I. ADOLF VON NASSAU, ALBRECHT I., HEINRICH VII. ALS KÖNIG, LUDWIG DER BAYER

HEINRICH VII. ALS KAISER, 1312–1313

WILHELM II. 1087–1100

HEINRICH I. 1100–1135

STEPHAN 1135–1154

HEINRICH II. 1154–1189

HEINRICH III. 1216–1272

HEINRICH VII. 1485–1509

HEINRICH VII. 1485–1509

Im Okzident fanden die Rangstufen auch in der Form und der Ausstattung der Kronen ihren Ausdruck. Ein Bügel über der Schemakrone wird zum Kennzeichen des Kaisers, und bald wird auch die Heiligkeit des Reiches in der Krone ausgedrückt, indem eine bischöfliche Mitra in sie hineingesetzt wird, und zwar um neunzig Grad gedreht, damit der kaiserliche Kronenbügel zwischen den Hörnern der Mitra durchlaufen kann. Lange Zeit war diese Kronenform sichtbar auf das Heilige Römische Reich Deutscher Nation beschränkt – vielleicht gab es eine auf Karl den Großen gestützte Parallele in Frankreich. Zum Schema der kaiserlichen Krone schlechthin wurde der Typ, als neben den Römisch-Deutschen Kaiser noch andere Kaiser traten, in erster Linie der Zar in Moskau.

Die sich über dem Haupt des Gekrönten wölbenden Bügel wurden als das Sinnbild der Souveränität betrachtet und drangen immer weiter in das Schema der Rangkronen vor, das sich mit der Renaissance entwickelte. Man kann das an der Entwicklung der Kurhüte beobachten. Die deutschen Kurfürsten hatten eine wirklich getragene Amtstracht, zu der eine hermelingestulpte purpurrote Kappe gehörte.

Seit dem Westfälischen Frieden (1648) werden auch Kurhüte mit Kronenbügeln geschlossen, und in

König Karl I. von Spanien verfügte 1525, daß die mit Bügeln als Sinnbild der Souveränität geschlossene Krone dem König vorbehalten und die Laubkrone den Granden von Spanien zuzuweisen sei.

Das Kopfreliquiar Karls des Großen *(links und unten)* im Domschatz zu Aachen trägt ein kaiserliches Kennzeichen, den Bügel von der Stirn zum Nacken. Ihre Konstruktion aus acht Platten deutet auf oströmischen Einfluß. Die Bebilderung von vier Platten nimmt auf die biblischen Könige Bezug.

Anlehnung daran entsteht der Fürstenhut (S. 178), der grundsätzlich der Fürstenkrone gleichwertig ist. Die über das Haupt gespannten Bügel werden stets mit einer dichten Perlreihe besetzt und normalerweise mit einem Reichsapfel abgeschlossen.

Perlen sind neben den Laubblättern auf dem Stirnreif seit der Renaissance zum deutlichsten Rangmerkmal geworden. Anfänglich legte man sie unmittelbar auf den Stirnreif und bezog viele Perlen auf einen höheren Adelsgrad, also meist auf den Grafenstand, eine geringe Anzahl auf einen niedrigeren, wie die Baronie. Auch um den Stirnreif geschlungene Perlenkette werden Mode. Seit dem 18. Jahrhundert bildeten sich gewisse Regeln heraus.

Gelegentlich findet man Kronen als Grabbeigaben in Königsgräbern, oft in erstaunlich schlichter Ausführung, wie in den Kaisergräbern von Speyer.

Sind sie etwa ins Grab mitgegebene Kostbarkeiten, die eine gekrönte Person zu Lebzeiten getragen oder hochgeschätzt hat, so können überraschende Kleinodien zutage treten, wie das sogenannte Kronenhäubchen der Kaiserin Konstanze oder noch erstaunlicher die kastilische Königskrone, die man in Toledo fand. Die deutsche Reichskrone, von der die Mitwelt und bis ins 19. Jahrhundert auch die Nachwelt glaubte, Karl der Große habe sie getragen, wurde im Mittelalter von Verwahrungsort zu Verwahrungsort transportiert; wer sie besaß, war der legitime Herrscher. Erst Kaiser Sigismund verfügte 1424 dauernde Aufbewahrung in Nürnberg, von wo sie jedesmal mit einer Sondergesandtschaft zur Kaiserkrönung gebracht

werden mußte, die erst in Aachen und dann in Frankfurt stattfand.

War in der bildenden Kunst erst einmal das Bedürfnis nach Porträtähnlichkeit von Personen erwacht, so wirkte sich das auch auf die Kronen aus; sie wurden nicht mehr ohne Bezug auf die Person des Trägers gestaltet – auch die Stephans- und die Wenzelskrone sind ja nicht von den Königen, nach denen sie heißen, »bestellt« worden, sondern sie bekamen individuelle Züge, wofür die deutsche Kaiserkrone ein eindrucksvolles frühes Beispiel bietet.

Der Typ der Kaiserkrone mit einem Bügel zwischen den Hörnern einer Mitra konnte im 14. und 15. Jahrhundert bereits als Norm gelten; es blieb einem kunstsinnigen Kaiser vorbehalten, ein Kunstwerk nach diesem Modell fertigen zu lassen, das sich auf seine Person selbst bezog. Kaiser Rudolf II. ließ 1602 in seiner weltberühmten Hofwerkstatt zu Prag eine Kaiserkrone herstellen, die auf den Außenseiten der Mitra vier Szenen aus seinem kaiserlichen Lebensweg darstellt.

Viele Kronen sind ganz einfach ihres Metallwertes wegen eingeschmolzen worden; das gilt vor allem für Kronen von gestürzten Monarchien. Groß sind daher die Verluste in Frankreich, wo nur wenige Kronen der Vernichtung entgangen sind. Krönungen sind einmalige Staatsakte im Leben eines Monarchen; mehrmalige Krönungen stellen immer Ausnahmen dar, etwa für Richard Löwenherz nach der Unterwerfung seines ungetreuen Bruders oder für die römisch-deutschen Kaiser, sofern sie auch Könige von Ungarn und von Böhmen waren.

Das Kronenhäubchen der Kaiserin Konstanze *(oben)*, der Gemahlin Kaiser Friedrichs II. Der »Kamelaukion« genannte Kronentyp ist vollkommen oströmisch, was auch in den gitterartigen seitlichen Behängen zum Ausdruck kommt.

STEPHANS-
KRONE
VON UNGARN

KAISERKRONE
VON ÖSTERREICH

HERALDISCHE KRONE
DES KÖNIGREICHS ITALIEN

ST.-EDUARDS-KRONE
VON ENGLAND

KAISERKRONE
VON RUSSLAND

KÖNIGSKRONE
VON PREUSSEN

REICHSKRONE VON
GROSSBRITANNIEN

KRONPRINZENKRONE
VON SCHWEDEN

STÄHLERNE KRONE
DES KÖNIGREICHS
RUMÄNIEN

RANGKRONEN

FRANKREICH
Nur die Mitglieder des Königshauses können Lilien auf den Kronenreif setzen. Sprachlich kann kein Unterschied zwischen Fürst und Prinz gemacht werden.

SCHWEDEN
Das schwedische System ist im Grunde das konservativste.

SPANIEN
Das spanische System ist konsequent aufgebaut.

ITALIEN
Die italienischen Vorschriften nehmen Rücksicht darauf, daß viele Geschlechter Rangtitel des Römisch-Deutschen Reiches haben.

DEUTSCHLAND
Die Kronen der Herzöge und der Fürsten unterscheiden sich in der Regel nicht. Grafen mit dem Titel »Erlaucht« sind eine Schöpfung der Restauration.

NIEDERLANDE
In den niederländischen Rangkronen kommen Einflüsse aller Nachbarstaaten zur Geltung.

BELGIEN SEIT 1838
Nach der Schaffung des Königreichs Belgien blieb manche niederländische Regel in Kraft.

ENGLAND
Das englische Rangkronensystem wird von allen Systemen am sorgfältigsten beachtet. Die Mützen in den *coronets* dürfen entfallen.

KÖNIG · FÜRST (KRONE) · FÜRST (HUT)

HERZOG	ERLAUCHTER GRAF	MARQUIS	GRAF, KONSERVATIV	GRAF, MODISCH

179

VICOMTE	FREIHERR (BARON), KONSERVATIV	FREIHERR (BARON), MODISCH	RITTER	UNTITULIERTER ADEL, KONSERVATIV

»... damit du unter den berühmten
Kämpfern mit den Edelsteinen der Tugend
gezieret und mit der Belohnung der
ewigen Glückseligkeit gekrönet werdest...«

(Aus einer Inaugurationsformel des 9. Jahrhunderts)

Oben: Krone einer englischen Prinzessin, wahrscheinlich Blanche von Lancaster, der Tochter König Heinrichs IV. (gestorben 1437). Unten die Krone König Christians IV. von Dänemark, 1596.

Prunk-stücke

Schildhalter im wahren Sinne des Wortes – zwei an ihren faltenreichen Gewändern kenntliche Damen – finden sich bereits 1292 auf dem Siegel des Heinrich von Scharfeneck; sie flankieren den Schild und halten ihn mit ausgestreckten Armen, graziös seine Oberkante mit je einer edlen Blume schmückend.

Kaum ein landesfürstliches Wappen verzichtet auf den pompösen Eindruck, den schildhaltende Bestien vermitteln; diese Tiere können dem Staatswappen entlehnt sein wie im Königreich Bayern oder eine der Bilddevisen sein, die von dem betreffenden Herrscher auch sonst gerne gezeigt werden.

SCHILDHALTER

Jede Selbstdarstellung eines Wappenherrn mit seinem Schild zeigt einen Schildträger, aber im technischen Sinne doch nur einen Vorläufer der Schildhalter. Diese haben sich im Laufe der Zeit zu einer Ergänzung des eigentlichen Wappens entwickelt.

Von den derzeit etwa 160 souveränen Staaten der Erde führen fast ein Drittel Wappen mit Schildhaltern im strengen Sinne, also in Zweiergruppen, wobei es immer mehr zur Gewohnheit wird, daß die beiden Schildhalter verschiedenen Tiergattungen angehören. Keine Tierart aber kann mit dem Löwen in Wettbewerb treten, der sogar dann als Schildhalter bevorzugt wird, wenn er im Schilde selbst nicht vorkommt.

Man darf annehmen, daß das 1468 in Brügge verbreitete Erinnerungsblatt (S. 101) viel dazu beigetragen hat, daß der heraldische Löwe ein so beliebter Schildhalter geworden ist.

In einem Werk wie der Schedelschen »Weltchronik« (1493) sind die Wappen zur Illustration verwendet und demgemäß wirksam dargeboten; die Wappenschilde der sogenannten Quaternionen werden von elegant tänzelnden oder aus Blüten hervorwachsenden Gestalten vorgeführt, hier der des Landgrafen von Thüringen.

Die Entwicklung muß man hauptsächlich anhand von Siegeln untersuchen. Die Darstellung der siegelführenden Personen im Siegel ist älter als das Wappenwesen. Sobald die vollständige wappenmäßige Ausrüstung zur Kennzeichnung der Person denkbar ist, werden auch der Schild oder die ganze Ausrüstung an passender Stelle im Siegel erscheinen, das seiner rechtlichen Bedeutung wegen alle Elemente enthalten dürfte, die seine Glaubwürdigkeit stützen.

Gemäß der Auffassung, daß das Wappen oder das Wappentier den Wappeneigner unmittelbar vertritt, können auch nebenheraldische Lebewesen in den Siegeln erscheinen, also vor allem solche, die mit einer Bilddevise (Franz. *corps de devise*, engl. *badge*) identisch oder verwandt sind. Der im Siegelfelde neben dem Schild auszufüllende Raum eignet sich gut zur Aufnahme von kleinen Tierreliefs, die wohl nicht so sehr der Laune des Graveurs, sondern vielmehr den Absichten des Bestellers entspringen und nicht nur aufgrund des *Horror vacui* oder des Symmetriebedürfnisses gewählt worden sind.

Der *Horror vacui* spielt bei Siegelgravuren eine nicht zu unterschätzende Rolle, da sich eine ungraviert gebliebene Fläche im Siegellack oder Wachs schlecht abdrückt.

Ein freibleibender Hintergrund kann ebenso wie ein Wappenfeld damasziert und mit Gitter- oder Rankenwerk ausgefüllt werden.

Fast jedes Siegel, auf dem den Raum zwischen dem Schild und der Umrandung füllende Begleitfiguren vorkommen, verlangt eine eigene Betrachtung, um zu ergründen, welche Motive zur Wahl der Begleitfiguren geführt haben könnte.

Es handelt sich keineswegs immer nur um die Ausfüllung des Zwischenraumes zwischen dem Rand des Wappenschildes und der um das kreisrunde Siegel herumlaufenden Inschrift, sondern auch um kunstvolle Drei-, Vier- und Mehrpässe, deren Winkel und Spitzbö-

Die Schildhalter des Wappens von England wechseln unter König Heinrich VII. allmählich weniger oft. Während der letzten drei Tudorregierungen stand rechts der englische Löwe und links der walisische Drache der Tudors.

Nächste Seite: In historischen Ahnenreihen wirken die Vorfahren wie Schildhalter ihres eigenen Wappens. Auf den Glasgemälden des Stephansdoms in Wien aus dem 14. Jahrhundert wendet sich der Adler des jugendlich wirkenden Vaters Rudolf († 1291) dem seines bärtigen Sohnes Albrecht I. († 1308) höflich zu.

Der Kolonisator von Maryland, Lord Baltimore, hinterließ dem späteren Staat sein Wappen; doch wurden die feudalen Leoparden als Schildhalter durch Landeseinwohner, einen Ackersmann und einen Fischer, ersetzt. Der frauenverachtende italienische Spruch »Taten sind Männer-, Worte Frauensache« blieb aber bestehen.

gen mit Figürchen besetzt sind; das können die vier Evangelistensymbole sein (Katharina von Savoyen-Waadt, Gräfin von Namur, 1352) oder musizierende Melusinen, wegen der Verwandtschaft mit dem zypriotischen Königshaus (Isabella von Chalon-Arlay, Herrin der Waadt, 1338), neben Adler und Löwen aus der savoyischen Heraldik.

Der »Marzocco« genannte, fast naturgetreue Löwe mit dem Wappen von Florenz unter der rechten Vorderpranke ist ein Meisterwerk des Donatello (etwa 1416).

Oben: Zwei Kupferstiche von Martin Schongauer (ca. 1450–1491): Diener mit den Schilden seiner Herrin; schildhaltender Engel. Das römische Geschlecht der Giacobacci und walisischer Drache; beide nach Silvester Petra Sancta, *Tesserace Gentilitiae;* Rom, 1638.

Ohne eine chronologische Ordnung wagen zu wollen, seien hier einige typische sphragistische, also durch Siegel abzuleitende Gruppen betrachtet. Die einfachste Methode, den Schild irgendwo dekorativ zu deponieren, besteht im Aufhängen an einem Haken, an der Wand oder an einem Baum, was technisch keinen Unterschied ausmacht. Damen, die keinen Helm mit Helmzier zu führen pflegten, ließen den somit allein zur Verfügung stehenden Schild gerne an einer Baumzacke oder der Astgabel einer Laubkrone aufhängen und dabei auch diese Unterbringung durch deutliche Darstellung der Schildfessel betonen. In Deutschland sind in Baumkronen sitzende Schilde geradezu typisch für alte Stadtwappen; bei manchen von ihnen ist der Schild mit seiner Fessel deutlich an einen Zweig gehängt. Auch die Bilddevisen und die ihnen nahe verwandten

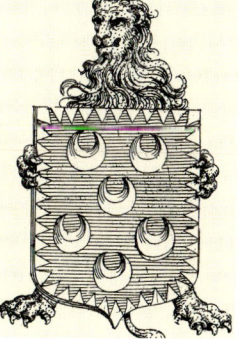

Badges, sofern sie von Lebewesen gebildet werden, die dem Schild nicht den Rücken drehen und ihn nicht nur berühren, eignen sich hervorragend als Schildhalter, nachdem erst einmal – schon um 1290 – deren dekorative Wirkung erkannt war.

POSTAMENTE UND SPRÜCHE

Einen Schild hält man stehend oder sitzend, etwa auf einem Thron oder dem Streitroß; die dabei eingenommene Haltung hat die Art der Zusammenstellung von Schild und Helm so entscheidend beeinflußt, daß die normale Stellung und Lage eines Schildes bisheute die schräge geblieben ist. Der Anblick des gerüsteten Kriegers war im Mittelalter so vertraut, daß ein liegend dargestellter Toter so gezeigt wurde, als stünde er. Zu seinen Füßen liegen von ihm niedergetretene Hunde oder Löwen, zu seinen Häupten umrahmt ihn ein Giebel oder gar ein vollplastischer Baldachin.

War erst einmal der Sprung von der Abbildung einer Person zu ihrer Verwendung als Schildhalter, der nicht durch die Umrahmung eines Siegels Halt fand, getan, so bot sich die Lösung an, eine Person nicht etwa nur auf einen Boden zu stellen, sondern ihn durch ein architektonisch aufgebautes Postament zu ersetzen, für das dann nur noch ornamentale Gesichtspunkte maßgeblich sind. In Wappenbeschreibungen werden daher solche Postamente höchstens erwähnt, nicht aber beschrieben, so daß ihre Gestaltung dem ausführenden Künstler überlassen bleibt. In Epochen überquellender Formen wie

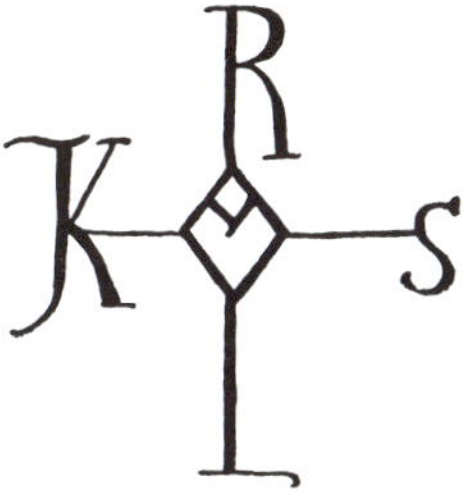

Zu der »Bilddevise« der Herzöge von Burgund – bestehend aus Astkreuz, Feuerstahl und funkensprühendem Feuerstein – fügte Karl der Kühne für seine Person den Spruch hinzu »*Je l'ay emprins*« (Ich hab's unternommen). Dieser stand auch auf allen seinen Fahnen.

Links oben: Die des Schreibens unkundigen karolingischen Kaiser und Könige unterzeichneten ihre Urkunden, indem sie in das Monogramm einen letzten Strich einfügten, so auch Karl der Große.

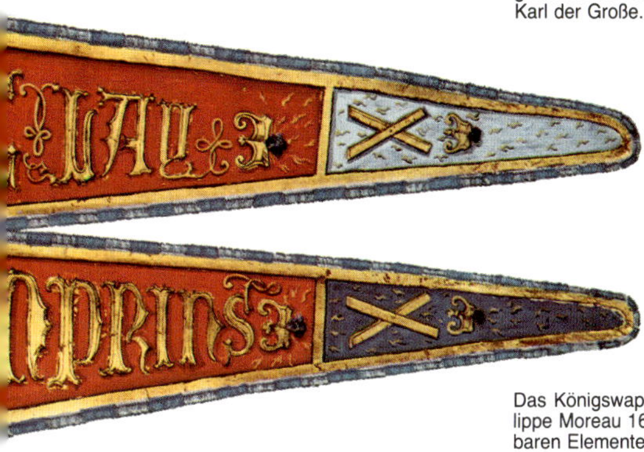

Das Königswappen von Frankreich, das Philippe Moreau 1609 erstmals aus allen verfügbaren Elementen komplettierte, wurde in aller

in der Renaissance, in Barock und Rokoko ist von diesen Möglichkeiten reichlich Gebrauch gemacht worden.

Wenn die Schildhalter auf besonders gestalteten Sockeln stehen, dann kann das dazu dienen, den Prunk zu vergrößern, wie bei den preußischen Königen schon im 18. Jahrhundert. Sie schrieben ihren Wahlspruch »Gott mit uns« auf einen mit königlichen Adlern reich verzierten Sockel. Ihre Prinzen mußten mit einem simplen Brett zufrieden sein, auf dem die beiden schildhaltenden Wilden Männer das Gleichgewicht wahren, während die dänischen Wilden Männer

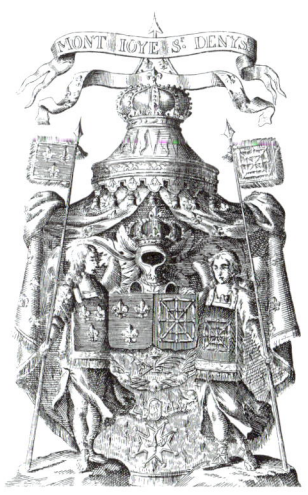

Welt als authentisch angesehen; nur die Könige selbst führten es nicht so. Ihr »Schlachtruf« war aber wirklich »*Montjoie St. Denis«;* er ist auch technisch korrekt zuoberst plaziert.

Das »Kurmainzer Landrecht« wurde, wie die lateinischen Großbuchstaben ausrechnen lassen, im Jahre 1755 herausgegeben und mit dem Wappen des Erzbischofs und seiner vier Ahnen geschmückt. Es wird von den Windspielen seines Familienwappens gehalten.

auf Felsen zu stehen scheinen. Bestimmte Wahlsprüche werden zum festen Bestandteil eines Wappens, wie in England das *Dieu et mon Droit* (Gott und mein Recht) Heinrichs V. (reg. 1413 bis 1422) und seiner Nachfolger, das mindestens seit Heinrich VIII. (reg. 1509–1547) auch dem Wappen beigegeben wird. Dann erscheinen die Sprüche unterhalb des Wappens auf einem Spruchband, das flatternd als Gestell für Schildhalter eingerichtet ist, oder sie sind auf einem Sockel eingetragen. Die Sitte, Wahlsprüche zu führen wie heute ein Regierungsprogramm, war in den Fürstenhäusern des späten Mittelalters üblich; manche dieser wurden von Nachfolgern

Grabmal eines englischen Ritters, dem ein ruhender Löwe als Postament für seine Füße dient.

beibehalten, die meisten aber blieben auf die Person bezogen, die sie gewählt hatte, wie das *Je l'ay emprins* (modern: *Je l'ai entrepris*, ich hab's unternommen) Karls des Kühnen († 1477).

Zwar gelten Buchstaben in der Heraldik als verpönt, weil ja das Zeichen unerläutert für sich sprechen soll, aber auf die ornamentalen Möglichkeiten der Schriftgestaltung wird damit nicht verzichtet. Aus geschickt kombinierten Namensbuchstaben bildeten die Könige des Mittelalters ihre Monogramme, und kunstvoll gezeichnete Wörter wie die *Libertas* der italienischen Stadtstaaten (S. 238) legen davon Zeugnis ab.

In den letzten Jahrhunderten haben die Wahlsprüche ungeachtet ihres persönlichen Charakters Eingang in die Familienheraldik gefunden, gefördert durch die Anfrage der Ordenskanzleien, die von den neuernannten Rittern mindestens seit dem 18. Jahrhundert für das Ordensalbum die Bekanntgabe des Wahlspruches erbaten oder noch erbitten. In den modernen Staatswappen, besonders denen, die von der britischen Heraldik beeinflußt sind, gewinnen die Postamente einen zusätzlichen Aussagewert.

Von den Wahlsprüchen zu unterscheiden sind Schlachtrufe wie das französische *Montjoie St. Denis* oder *Flandre au lion* (Flandern zum Löwen). Diese sollten, falls überhaupt, oberhalb des Wappens erscheinen.

WAPPENZELT UND WAPPENMANTEL

Die Staatswappen einer neuzeitlichen Monarchie europäischer Prägung sind bei reicher Ausgestaltung mit einem Wappenmantel oder einem Wappenzelt ausgerüstet.

Fürstliche Kriegsherren verzichteten auch im Felde nicht auf den gewohnten Komfort; die Abbildung zeigt eine Verhandlungsszene in einer Zeltgruppe, 14. Jahrhundert. Bibliothèque Nationale, Paris.

Das ist in der Form, wie wir sie verstehen, erst seit dem 17. Jahrhundert denkbar, denn 1609 hat Philippe Moreau in Bordeaux für sein »Tableau des armoiries de France« die Thronsiegel der Könige als Vorlage für prunkvolle Wappen verwertet. Dazu ersetzte er die

Fürstliches Kriegszelt als denkbare Wappenfigur *(links)* in dem Werk »La science héroique« von Marc de Vulson de la Colombière, Paris 1669.

1890 wurden zwei herzogliche Linien (Savoyen-Aosta und Savoyen-Genua) gestiftet. Die Krone der Herzöge ist aus der Königskrone abgeleitet; statt eines Wappenzeltes führen sie den Wappenmantel.

Person des Monarchen durch seinen Schild, der nunmehr unter einem Dach aus wallendem Stoff erschien. Das auf die Wappen angewandte Symbol der Souveränität fand großen Anklang bei den Bewunderern französischer Sitte, wobei ein Unterschied zwischen Wappenzelt (mit Kuppel) und Wappenmantel (ohne Kuppel) herausgearbeitet wurde. Die Wappenzelte wurden zum Privileg des Staatsoberhauptes, während die Wappenmäntel den Prinzen und Prinzessinnen zugebilligt wurden.

Nicht der Mantel, in dem Könige zur Krönung schreiten oder, wie heute noch in England, das Parlament eröffnen, ist das Vorbild hierfür, sondern der tragbare Schirm orientalischer Potentaten und – nach deren Muster – des Papstes sowie der ortsfeste Thronhimmel weltlicher und geistlicher Herrscher. Die Fürsten des Mittelalters lebten bei Lustbarkeit und auf Feldzügen häufig in standesgemäß abgestuften Zelten.

Echte Mäntel entwickelten sich daneben aus den Wappenröcken, die man selbst trug und seine Herolde als Überrock tragen ließ.

Diese Mäntel lassen von deren vollem Inhalt des Wappenschildes nur – und das spiegelverkehrt – die Partien erkennen, die an den seitlichen Kanten des Mantels stehen. Die fürstlichen Wappenmäntel und -zelte sind im allgemeinen außen purpurn. Sie können mit kleinen Figuren belebt werden. Diese kann man als Überbleibsel jener seit dem 14. Jahrhundert vorkommenden Abzeichen ansehen, die man allgemein nach dem englischen Wort »Badges« nennt. Diese Abzeichen entziehen sich zwar einer Systematisierung, gehören aber zu jenen Elementen der bildenden Kunst, die zur Orts- und Zeitbestimmung sehr hilfreich sein können. Das gilt nicht nur für die englischen »Badges«, sondern auch für die französischen »Devises« und die italienischen »Imprese«, vor allem jene, die mit bestimmten Fürsten und deren Regierungszeit verknüpft sind.

BILDDEVISEN UND BADGES

Die 1720 vom damaligen Wappenkönig von England als authentisch bezeichneten achtzehn verschiedenen Badges der »erlauchten Familie von Stafford«, davon die Hälfte auf halb schwarzem, halb rotem Grund, also in Livreefarben.

Diese Abzeichen, graphisch von gemeinen Figuren in den Wappen kaum zu unterscheiden und oft auch mit ihnen identisch, haben den Vorteil, daß sie in unbegrenzter Anzahl etwa als Stoffmuster wiederholbar sind, wie es bei den Wappenlilien von Frankreich der Fall ist. König Richard III. von England soll zu seiner Krönung (1483) die Anfertigung von 13 000 weißen Ebern befohlen haben. Damit dürften die Portieren der Zeremonie übersät gewesen sein, aber auch die Gewänder seiner Dienerschaft, die in mit Badges geschmückten »Livreefarben« gekleidet war.

Nach einigen berühmt gewordenen Zeichen werden sogar Parteiungen benannt. Am bekanntesten seit König Richards III. Zeiten ist seine Partei mit dem Namen eines seiner Badges, der weißen Rose des Hauses York. Die Beendigung der »Rosenkriege« findet in der zweifarbigen Tudor-Rose (S. 198) noch heute Ausdruck. In England waren zeitweise die Badges prominenter, die Politik bestimmender Persönlichkeiten so volkstümlich, daß Shakespeare in seinen Königsdramen ihre Kenntnis voraussetzen durfte.

Die Livreefarben wurden früher willkürlich gewählt, dann aber innerhalb einer Familie oft beibehalten. Die Dynastie von Lancaster benützte Blau und Weiß, das Haus York Blau und Dunkelrot, die Tudors Weiß und Grün, die Stuart Gold und Scharlach, die regierende Dynastie entsprechend den jetzt üblichen heraldischen Regeln Rot und Gelb.

England und Italien sind jene Länder, in denen die Sitte, neben den eigentlichen Wappen noch weitere Embleme zu benützen, am lebhaftesten geblüht hat; in England und den Gebieten seiner kulturellen Ausstrahlung ist sie ja noch lebendig.

Die italienischen *Imprese* entsprechen entweder diesem Typus und tragen neben dem Bild einen nicht

Bronzetüren der Grabkapelle König Heinrichs VII. in der Abtei von Westminster (1509) mit den Wappenbildern des Königshauses (Lilien und Löwen) und seinen Badges: *Sunburst*, Fallgatter, Falke auf Schnappschloß, Krone mit Margeriten- und Rosenranken, verknotetes Monogramm R und H (h).

immer sehr aufschlußreichen Erläuterungsspruch auf flatterndem Bande, oder sie beschränken sich auf die unerklärten Bilder, an denen die Zeitgenossen kaum weniger herumgerätsel haben dürften als die modernen Betrachter, denen selten eine Deutung gelingt. Die wissenschaftliche Behandlung der *Imprese* und anderer Devisen steckt noch in den Kinderschuhen, allerdings gibt es doch schon kunsthistorisch angelegte Sammelwerke. Zur Deutung der Bilder gehört eine intime Kenntnis der Fabel- und Märchenwelt und der Sprichwörter vieler Epochen.

Die Strenge der Heraldik führte immer wieder zu Strömungen oder ganzen Epochen, in denen zusätzliche Abzeichen aufkommen, an Beliebtheit gewinnen, aber auch wieder vergehen. Manche Natio-

JAPAN

Flaggen einiger Küsten-*Daimyos*, auf denen das jeweilige *Mon* in bestimmten Farben gehalten ist; 19. Jahrhundert.

ASANO
DAIMYO ZU HIROSCHIMA

IKEDA
DAIMYO ZU OKAYAMA

ENGLAND

In England und in seinen überseeischen Gebieten hat sich der Gebrauch der »Badges« bis in die Gegenwart erhalten, manche von ihnen überdauerten mehrere Generationen.

TUDOR-ROSE

JOHANNA SEYMOUR

KÖNIG EDUARD III.

FRANKREICH

Zu den nur auf je eine Person bezüglichen Bilddevisen *(corps de devise)* der Könige von Frankreich und anderer Mitglieder des Königshauses paßt stets ein Spruch (Wortdevise, *âme de devise*).

STACHELSCHWEIN
KÖNIG LUDWIG XII.

HERMELIN, ANNA VON BRETAGNE,
KÖNIGIN VON FRANKREICH

SPANIEN

Freistehende, teilweise den Wappen entnommene Bilder werden in Spanien seit dem 12. Jahrhundert und bis in die Gegenwart als nebenheraldische Abzeichen gebraucht.

JOCH (YUGO) KÖNIG
FERDINANDS I.

PFEILBÜNDEL
KÖNIGIN
ISABELLAS

JOHANNISADLER
VON ARAGON

nen sind da sehr erfinderisch gewesen und geblieben, in erster Linie Japan.

IKEDA
DAIMYO ZU OKAYAMA

UESUGI
DAIMYO ZU YONEZAWA

PRINCE OF WALES

KATHARINA PARR

RICHMOND HERALD

»PORTCULLIS« (FALLGATTER)

DREI KRONEN KÖNIG HEINRICH III.

LUDWIG XIV., DER SONNENKÖNIG
TORBOGEN DER FESTUNG LANDAU

GRANATAPFEL UND ENGLISCHE ROSE

KATHARINA VON ARAGON UND KÖNIG HEINRICH VIII. (1509)

FEUERSTEIN UND FEUERSTAHL

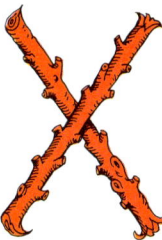
ASTKREUZ (HERZOGTUM BURGUND)

Manche Bilder kommen einem heutigen Betrachter ganz vertraut vor. Ein paar Beispiele mögen das verdeutlichen.

Links: Bild- und Wortdevisen aus der Fahne des Grafen von Pavia aus dem Hause Visconti, 1495. Die Felder sind durch das typisch italienische Wogenfeld abgeteilt.

Rechts: Probe aus der reichhaltigen Sammlung von Impresen in der Biblioteca Trivulziana in Mailand; Bilddevise aus dem Hause Visconti.

 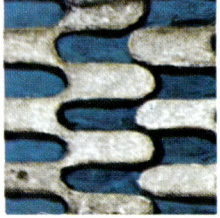

Unten: Der mächtigste und bedeutendste aller Herzöge von Mailand, Gian (Johannes) Galeazzo aus dem Hause der Visconti, hatte 1395 vom deutschen Kaiser Wenzel die Herzogswürde und die Berechtigung erhalten, den deutschen Reichsadler im Schilde zu führen. Seine bevorzugte *Impresa*, den brennenden Knorrenast mit den beiden Löscheimern, setzte er gerne mehrfach neben sein Wappen.

In einem mailändischen *Imprese* wird etwa der rechte Zeitpunkt für Geldausgaben *(Qua[a]ndo sarà tempo,* wenn die Zeit gekommen, beziehungsweise wenn das Wetter danach sein wird) durch einen Arm angedeutet, der einen mit Geld prall gefüllten Beutel hält und aus dem durch Wolken und Lichtstrahlen stilisiertes »Wetter« erscheint.
Ein Wildbach im Gebirge ist durch Stützwände eingeengt. Spruch: *Per più sigurez(z)a* (Zu größerer Sicherheit).
Ein Mann sitzt klagend auf einem kleinen Hügel, eine Schlange kriecht aus seinem Gewande und beißt ihn in die rechte Wange. Spruch: *Io levato la bis(ci)a in sene* (Ich nährte die Natter am Busen).
Von Bienen umschwärmter Bienenstock. Spruch: *Per mel merito* (Für wohlverdienten Honig).
Ein auf dem Rücken liegendes Lamm wird von einem über ihm stehenden Wolf in den Hals gebissen. Spruch: *Che per gra se fa* (Was aus Gnade geschieht).

Ein Strauch mit verknoteten Ästen. Spruch: *Per non fallire* (Um nicht fehlzuwachsen).

Ein Obstbaum mit Pfropfstellen. Spruch: *Seg(u)ndo el tempo* (Je nach Zeitlage).

Ein nach hinten ausschlagendes Pferd. Spruch: *Vendet(t)a de tre(n)ta an(n)i* (Rache für dreißig Jahre, nämlich Frondienst).

Eine Tartsche lehnt an einem Felsblock, davor liegen mehrere zerbrochene Krönleinlanzen. Spruch: *Tu perde el tempo* (Du verschwendest nur Zeit).

Ein Bär kommt (nach Winterschlaf) aus seiner Höhle und blickt zur Sonne. Spruch: *Post tenebras lucem* (Nach der Finsternis das Licht).

ORDEN

Wenn von Orden die Rede ist, denkt man heute zuallererst an die Kreuze und Medaillen, die den Überlebenden und teilweise auch den Hinterbliebenen aus den Kriegen als bequeme Belohnung an die Brust geheftet wurden und immer noch werden. Diese Gedankenverbindung zeigt, wie weit sich das Wort »Orden« von seinem Ursprung entfernt hat, in dem es mit der Heraldik äußerst eng verbunden war.

Konzil von Clermont 1095 die abendländische Welt erfaßt hatte, das »Kreuz genommen« hatten, mußten nach irgendeiner Organisationsform streben, die die hohe Aufgabe erfüllbar machte. Es ergab sich von selbst, daß die Kreuzfahrer sich in der grundsätzlich feindlichen Umwelt mehr zusammenschlossen, und zwar möglichst mit solchen Mitstreitern, mit denen sie sich verständigen konnten. Die Situation war derjenigen vergleich-

Denn »Orden« bedeutet in erster Linie Ordnung, Regel, Statut, Reglement, also eine Vorschrift, der man sich aus freiem Willen unterwirft und deren Zeichen man zur Bekundung dessen öffentlich am Gewand trägt. Diejenigen, die in der Begeisterung, welche seit dem

Kameradschaftsmahl des französischen Sternordens, der nur wenige Jahre bestand. Mit der Stiftung dieses Ordens am 6. November 1351 antwortete König Johann II. von Frankreich auf die Stiftung des englischen Ordens vom Hosenband. Dem Orden sollten 500 Ritter als Rückgrat eines nationalen Heeres angehören.

EIN KREUZRITTERORDEN
Ein Mitglied des Johanniterordens im Ordensmantel.

EIN HOFORDEN
Herzog Karl der Kühne von Burgund als Großmeister eines auf Vasallentreue aufgebauten Ritterordens.

bar, die sich auf der iberischen Halbinsel entwickelt hatte, wo ein jahrhundertelanger und zäher Kampf zur Vertreibung der Moslems ebenfalls zur Gruppenbildung unter den christlichen Rittern geführt hat.

Diese Art von Gruppenbildung war aus ihrer Motivierung heraus kirchlich gesonnen und konnte somit den aufstrebenden Königreichen hinderlich, wegen der darin verkörperten militärischen Macht auch verdächtig sein. Dagegen gab es drei Mittel: 1. Der König machte sich zum Haupt einer solchen Ordensgemeinschaft, wie es in Spanien und Portugal geschah; 2. der König legte es auf mehr oder weniger totale Ausschaltung eines ihm zu mächtig gewordenen Ordens an, wie es Philipp der Schöne von Frankreich in den Jahren 1307–1314 mit dem Templerorden praktiziert hat; 3. der König errichtete selbst einen Orden, in den er verläßliche Anhänger, oder wen er dafür hielt, aufnahm. Auf dieser Grundlage entstanden die auf Vasallentreue beruhenden Hoforden, von denen einige noch bis in unsere Tage bestehen, vor allem das englische »Hosenband«.

Die sich darin abzeichnende Entwicklung zur ziemlich unverbindlichen Belohnung anstelle der Verpflichtung zur Treue mündete in die Schaffung der ehrlich auf Verdienstbelohnung abgestellten »Dekorationen«, die weiterhin »Orden« heißen, auch Statuten bekommen, aber zwischen den Mitgliedern nur noch oberflächliche, schließlich keine Beziehung mehr herstellen. Das sind die Orden, wie

man sie heute meist versteht; ihre Zahl hat seit dem 18. Jahrhundert stetig zugenommen.

Von dieser Entwicklung ist fast kein Land ausgenommen geblieben, seit die Französische Republik nach Aufhebung aller Orden des Königreichs durch Errichtung des Ordens der Ehrenlegion auch in nichtmonarchischen Staatswesen ordensfeindlichen Bestrebungen viele Argumente entzogen hat. Zudem fielen seit dem gemeinsamen Vorgehen mehrerer verbündeter Nationen gegen Napoleon auch die Schranken der Inkompatibilität, der Unvereinbarkeit zweier oder gar mehrerer Orden verschiedener Länder bei einem Träger.

Wappentafel *(unten)* des Prinzen Henrik von Dänemark als Ritters des dänischen Elefantenordens im Schloß Frederiksborg, 1967.

Wappentafel *(links)* des späteren Königs Karl XIV. Johann von Schwoden als Ritter des schwedischen Seraphinenordens mit der Kette dieses Ordens und allen anderen schwedischen Orden, 1810.

Wer das Kreuz genommen und sich, sofern sein sozialer Stand es erlaubte, in einem Ritterorden organisiert hatte, der trug das Kreuz nicht nur auf der Kleidung, sondern benützte es auch sonst zur Dokumentation seiner Persönlichkeit im Siegel und im Schild.

Die Zahl der ritterlichen Ordensgesellschaften, die im Heiligen Lande und auf der Iberischen Halbinsel entstanden, ist recht groß. Überragende Bedeutung gewannen vor allem drei von ihnen:

1. Der Johanniterorden führt seinen Ursprung auf ein Hospital zur Betreuung von Pilgern zurück, das in Jerusalem bereits etwa dreißig Jahre vor dem ersten Kreuzzug bestanden hatte und in dem nach der Eroberung Jerusalems 1099 durch die Kreuzritter eine Bruderschaft gegründet wurde. Die ursprünglich auf Lazarettdienst beschränkten Aufgaben erweiterten sich unter dem Druck der Moslems zu den Pflichten eines Ritterordens. Das wurde erst recht deutlich, nachdem der Orden – das Heilige Land ging 1291 verloren – 1530 mit der Insel Malta belehnt worden war, von wo aus er im Kampf gegen die nordafrikanische Seeräuberei zur »Polizei des Mittelmeeres« aufstieg. Wie alle anderen in Palästina entstanden Ritterorden erkennt der Malteserorden, wie er seit 1530 meistens genannt wird, den Papst als seine oberste Autorität an. Dieser Autorität entzog sich während der Reformation eine der Ordensprovinzen, die Ballei Brandenburg, aus der – nach dem Zweiten Weltkrieg vor allem aus Währungsgründen – der autonome schwedische Johanniterorden ebenfalls evangelischer Konfession ausgegliedert worden ist, während Finnland weiterhin der deutschen Ordensleitung untersteht.

2. Der Deutsche Orden, der nur Deutsche aufnahm, wobei als »Deutscher« jeder gelten konnte, der aus einem zum römisch-deutschen Reich gehörigen Land stammte. Als sein Gründungsjahr wird 1190 angesehen, das Jahr, in dem die Kreuzritter die Festung Akkon belagerten. Die Kreuzritter unterschieden sich in den Farben ihrer Mäntel und der angenähten

Teppichmilieu des Nikolaus von Diesbach, Herrn zu Signau, mit dem Schwertorden von Zypern, der SS-Kette von England, dem Katharinenorden von Sinai, dem Kannenorden von Aragon, dem Schwanenorden von Kleve und dem Orden des Heiligen Geistes oder der Taube von Kastilien.

Kreuze. Die Mäntel der Johanniter waren seinerzeit schwarz mit weißen Kreuzen, die der Deutschritter umgekehrt. Seitdem gilt das schwarze Kreuz bis in die Gegenwart als »deutsches Kreuz«. Von 1234 bis 1525 bestand an der Ostsee ein von diesem Orden gebildeter Staat, auf den letztlich der Königstitel von Preußen zurückgeht.

3. Der vor allem französisch orientierte Tempelritterorden nannte sich nach dem in der Nähe seines Sitzes befindlichen Tempel Salomonis, dessen Abbild auf einigen Siegeln des Ordens (S. 208) vorkommt. Er ist ungefähr zwanzig Jahre nach der Eroberung Jerusalems errichtet worden und war an weißen Mänteln mit rotem Kreuz kenntlich. Das führte wegen der Verwechslung mit dem weißen Mantel des Deutschen Ordens zu Beschwerden beim Heiligen Stuhl, der auch für diesen ursprünglich mehr auf Kampf gegen die Ungläubigen als auf Krankenpflege eingestellten Orden die höchste Autorität war. Sie konnte ihn aber vor der Feindschaft König Philipps des Schönen von Frankreich nicht schützen.

Die Innenseiten beider Türen der Elisabethkirche in Marburg sind mit dem Wappen des Hochmeisters des Deutschen Ritterordens bemalt.

Die Trennung der evangelisch gewordenen Ballei Brandenburg des Johanniterordens und deren enge Verknüpfung mit der in Brandenburg, dann in Preußen regierenden Dynastie der Hohenzollern hatte auch Abweichungen in der Gestaltung der Ordenszeichen und deren Verbindung mit dem Familienwappen der Ritter zur Folge. Maßgeblich wurde eine 1728 herausgebrachte Geschichte des evangelischen Johanniterordens *(unten)*.

1 Ordenszeichen
2 Schema für Komture
3 Schema für einfeldige Wappen
4 Schema für quadrierte Wappen
5 Schema für geteilte Wappen
6 Schema für quadrierte Wappen, die bereits einen Mittelschild haben
7 Schema für halbgespaltene und geteilte Wappen mit Mittelschild

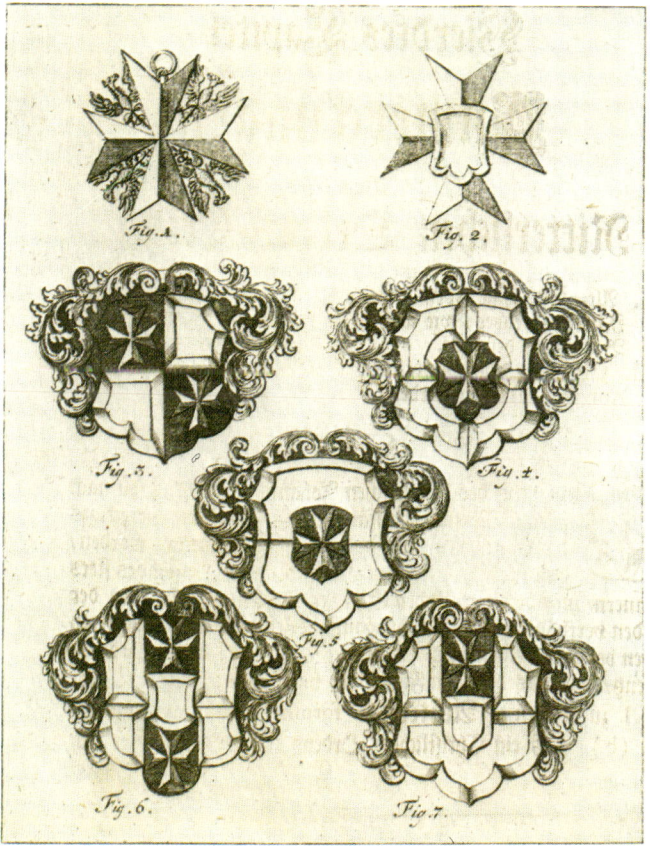

Auf der Iberischen Halbinsel haben geistliche Ritterorden wesentlich zur Vertreibung der Mohammedaner beigetragen; in Portugal war der König Großmeister des Avis-Ordens, dessen grünes Lilienkreuz er in sein Wappen so einfügte, daß die typischen Enden allein auf dem Schildrand erscheinen.

Der zwischen 1307 und 1314 vernichtete Templerorden war zuletzt sehr reich, anfänglich aber angeblich so arm, daß je zwei Ritter nur ein Pferd besaßen, wie es viele Siegel des Ordens darstellen.

Nach dem Verlust des Heiligen Landes an die Mohammedaner war der Drang, der Seele Heil zu sichern und dies mit einer Pilgerfahrt – sei es nach Santiago de Compostela in Spanien oder nach Palästina – zu erreichen, nicht erloschen. Die heiligen Stätten blieben den Pilgern zugänglich, und diese konnten sich am Grabe Christi zum Ritter vom Heiligen Grabe schlagen lassen und dann das Jerusalemkreuz an der Kleidung tragen. Auf diesen Pilgerfahrten be-

Heraldik des Deutschen Ritterordens *(von links nach rechts):* Siegel des Landmeisters 1244 bis 1255, Wappenschild eines Landgrafen von Hessen als Ordensritter, Wappen des Hochmeisters, Siegel des letzten Hochmeisters in Preußen, Albrecht von Brandenburg (bis 1525).

Der nach seinem Patron Johannes dem Täufer offiziell »Souveräner Orden St. Johannis von Jerusalem zu Malta« genannte geistliche Ritterorden wird, nachdem ihm 1530 die Insel Malta als neapolitanisches Lehen zugeteilt worden war, meist Malteserorden genannt; er besitzt ein genaues Reglement für die Kombination des Familienwappens mit dem Ordenswappen *(von links nach rechts):* Siegel eines Komturs aus dem Jahre 1355, *Exlibris* eines Mitglieds des Malteserritterordens (Entwurf Bruno Bernhard Heim, Gravur Rudolf Niedballa), Siegel des in Großbritannien 1888 wiederbelebten Zweiges mit dem am 1. Februar 1926 verliehenen Wappen.

Die Erzherzöge von Österreich aus der Linie Toskana führten die Tradition dieses 1866 aufgehobenen Großherzogtums und somit auch das Großmeistertum des St.-Stephans-Ordens (rotes Kreuz) fort.

DEUTSCHER RITTERORDEN
(gestiftet 1190)

AVIS-ORDEN
(Portugal, gestiftet 1162)

suchten Herren von Stand auch am Wege liegende Fürstenhöfe, etwa auf Zypern, und ließen sich dort empfangen, wobei sie den Schwertorden einheimsten. Das Ansehen solcher Ordenszeichen hing vom Ansehen ihrer Verleiher ab.

Dem Beispiel der Könige von Zypern folgten viele kleinere Potentaten, die es an Ansehen mit dem Hosenband der Könige von England (gestiftet wohl 1348), dem Goldenen Vlies des mächtigen Herzogs von Burgund (gestiftet 1430), auch mit dem Annuziatenorden der Herzöge von Savoyen (gestiftet um 1360) nicht aufnehmen konnten. So stiftete der Markgraf von Brandenburg einen Schwanenorden, den er der Muttergottes weihte, ein Herzog von Bourbon, obwohl kein Souverän, den Orden von der Halsberge oder vom Schuppenhalsband, die Herzöge von Österreich einen Adler- und einen Lindwurm-Orden, Kaiser Sigismund den auf Ungarn bezüglichen Drachenorden, der dort so beliebt war, daß er zum erblichen Abzeichen wurde. Vielen von diesen Orden machte die politische Entwicklung oder die Reformation den Garaus; auch konnten den Rittern die kostspieligen Reisen zu den Kapitelsitzungen zu beschwerlich werden. Die Statuten eines echten Ordens beziehen sich hauptsächlich auf das Leben im Orden, und das ist ohne ständigen Kontakt nicht aufrechtzuerhalten. Selbst ein so hochangesehener Orden wie der vom Goldenen Vlies hielt sein letztes Kapitel, worunter eine Sitzung zur Besprechung der Ordensangelegenheiten zu verstehen ist, 1559 in Gent ab.

HOSENBANDORDEN
(England, gestiftet 1348)

ELEFANTENORDEN
(Dänemark, gestiftet ca. 1462)

Die Entwicklung des Ordenswesens nahm mit der Renaissance eine neue, ihm eigentlich fremde Richtung. Orden wurden immer mehr zum Werkzeug politischer Werbung; die Zahl der Ritter des französischen Ordens von St. Michael (gestiftet 1469) war Ende des 16. Jahrhunderts so stark angestiegen, daß sein Ansehen entsprechend gesunken war. So stiftete König Heinrich III. 1578 einen zweiten, höheren Orden, dessen Mitgliedschaft auf hundert Ritter beschränkt sein sollte: den Orden vom Heiligen Geist. Dies ist der erste, staatspolitisch geplante Orden, zu dessen Abzeichen nicht wie bisher nur eine emblematische Figur gewählt wurde, sondern ein Kreuz. Seitdem nahm die Zahl der Orden, deren Abzeichen ein mehr oder weniger verziertes Kreuz ist, unaufhörlich zu, und unter »Orden« wird schließlich allgemein ein kreuzförmiges Abzeichen verstanden.

Die Möglichkcit, daß ein Souverän über mehrere, nach Zwecken verschieden zu handhabende Orden verfügen kann, wurde in Frankreich reichlich ausgeschöpft. 1693 stiftete Ludwig XIV. einen Militärverdienstorden, der nach König Ludwig dem Heiligen (reg. 1226 bis 1270) benannt wurde und die drei Stufen erhielt, die auch die geistlichen Ritterorden hatten (Großkreuz, Komtur, Ritter). 1759 wurde er durch einen neutral nur »Militärverdienstorden« genannten ergänzt, da man den protestantischen Offizieren – etwa den zahlreichen Schweizern – den Heiligen Ludwig nicht zumuten durfte. Der Gedanke der ordensritterli-

Gedenktafel des Nürnberger Patriziers Ulrich Ketzel, der 1462 auf dem Wasserwege zum Heiligen Grabe gepilgert war und dabei siebzehn Ordensmitgliedschaften erworben haben soll. Die Familie Ketzel zählte mindestens acht Mitglieder, die am Heiligen Grab (Jerusalem-Kreuz) waren und dann auch den Schwertorden von Zypern mitbrachten.

Jakob von Savoyen, Graf von Romont, war 1460 bis 1486 Herr des Waadtlandes, und sein Wappen ist nicht etwa vom Orden des Halsbandes von Savoyen (dem späteren Annunziatenorden) umrahmt, sondern von dem französischen Orden von der Halsberge *(Ordre du Camail)*, der von 1394–1498 bestanden hat und auch »vom Stachelschwein« heißt.

chen Korporation war zwar noch nicht erloschen, aber kaum mehr wirksam. Versuche, die angebliche Leibwache Kaiser Konstantins in einem St.-Georgs-Orden unter dem Großmeistertum eines byzantinischen Prinzen im Exil fortzusetzen und sogar eine Kompanie Soldaten zur Bekämpfung der Türken in Dalmatien aufzustellen, blieb ein Plan. Erheblich erfolgreicher war die 1562 erfolgte Stiftung des toskanischen Stephansordens, dem die Sicherung der toskanischen Handelsschiffahrt oblag, weshalb die Kriegsflagge von Toskana ein rotes Kreuz auf weißem Grunde zeigte. Die reiche Beute dieses Ordens an eroberten Flaggen hängt in der Stephanskirche zu Pisa.

Die absolutistische Staatsauffassung trieb indessen seltsame Blüten. Ordensstiftungen wurden mit mühsamen Begründungen als Erneuerungen uralter Ordensgemeinschaften ausgegeben, um ihnen höheres Ansehen zu verschaffen. Das gilt insbesondere für den dänischen Danebrog-Orden, der 1671 sein Stiftungsjahr auf das Jahr 1219 verlegte. Ähnlich knüpften der britische Orden vom Bade 1725 an angebliche Stiftungen von 1399, der dänische Elefantenorden 1693 an einen Vorgänger von 1462 und der schwedische Seraphinenorden 1748 wenigstens nur an das 16. Jahrhundert an.

Zur Unterscheidung von den »Milizen«, deren Abzeichen ein auf ei-

nem Mantel getragenes großes Stoffkreuz war und in gewissem Sinn auch noch immer ist, bestanden die Abzeichen der Hoforden aus einer sinnbildlichen Figur, die an einer Kette aus mehreren, ebenfalls sinnbildlich gewählten Gliedern hing. Diese Kettenorden, von denen einige (z. B. der Hosenbandorden und das Goldene Vlies) noch bestehen, sind das Vorbild für die zahlreichen Ordensketten, die als oberste Stufen mehrklassiger Orden üblich sind. Die Abstufung eines Ordens in mehreren Klassen ist das Ergebnis der Abschaffung der höchstens dreiklassigen französischen Militärverdienstorden und deren Ersetzung durch die 1802 gestiftete Ehrenlegion. Ihre Einteilung in fünf Klassen wurde zum Modell für die meisten, gegenwärtig zur Verleihung kommenden Verdienstorden.

Die Reaktion dagegen, nämlich einen Orden nur möglichst wenig oder gar nicht abzustufen, zeigt sich am deutlichsten bei den Orden der Sowjetunion. Sie hatten bis zum Zweiten Weltkrieg keine Klassen, aber die mehrfache Verleihung des gleichen Ordens ist zulässig und wird laufend praktiziert. Die heute kaum mehr übliche, aber noch im vorigen Jahrhundert weitverbreitete Sitte, ein Wappen mit den persönlich erhaltenen Ordenszeichen zu verzieren, ist für die Datierung von Kunstwerken oft von ausschlaggebender Bedeu-

Der Ritter Florian Waldauf von Waldenstein hängt die Ordensketten an einer Leiste neben seinem Wappenschild.

tung. In den meisten Staatswappen der europäischen Monarchien sind, da sich Kettenorden für diese Art der heraldischen Verwendung besonders gut eignen, die obersten Klassen der einheimischen Orden in das vollständige Staatswappen integriert (vgl. S. 39). Von hohem kulturellem Interesse sind die Ritterschaftskapellen, deren Wände in manchen Ländern mit den Wappen der Ordensmitglieder, entweder zu deren Lebzeiten oder nach ihrem Ableben, behängt werden oder wurden; in Großbritannien z. B. haben der Hosenbandorden, der Orden vom Bade, der St.-Michaels- und Georgsorden, der Orden vom Britischen Empire und der Victoria-Orden jeder eine eigene heraldisch ausgestattete Ordenskirche; die letzteren vier alle in London, das »Garter« in Windsor, der schottische Distelorden in Edinburgh.

Porträt des Heinrich Blarer *(links)* aus St. Gallen 1460 mit dem Schulterband des Kannenordens von Aragon, wozu auch das an der Wand hängende Greifenkleinod gehört.

Der weitgereiste Tiroler Minnesänger Oswald von Wolkenstein (1377?–1445) trägt auf seinem Porträt *(Mitte)* die Kette des Kannenordens von Aragon und die Schärpe dazu, auf der er auch den ungarischen Drachenorden angebracht hat.

Die Porträt-Büste Ludwigs XIII. von Frankreich *(rechts)* löste das Problem, wie zwei Ordensketten gleichzeitig anzulegen seien, nämlich konzentrisch. Der höhere Orden, der vom Heiligen Geist, hängt tiefer, der zweitrangige von St. Michael hat die kürzere Kette.

WAPPENBRAUCH

Klassische Darstellung der göttlichen Dreieinigkeit als symbolisches Wappen Gottes selbst *(unten)*.

Rechts: Als Stadtpatron von Mailand wird St. Ambrosius verehrt, nachdem die zeitweilige Unabhängigkeit von einem Fürstengeschlecht den Namen »Ambrosianische Republik« (1407 und 1447–1450) erhielt. Die mit dem Kreuzwappen von Mailand und dem gekrönten Freiheitswort übersäten Fahnen sind dank der Kurzlebigkeit dieser Republik bekannt; die Schweizer konnten sie 1512 erbeuten.

Während der Blütezeit der Heraldik dichteten die Menschen sogar den unsichtbaren überirdischen Gestalten eigene Wappen an. Das in der Bibel ausgesprochene Verbot, sich von Gott selbst ein Bild zu machen, konnte leicht umgangen werden, wenn man den schwer begreifbaren Glaubenssatz von der göttlichen Dreifaltigkeit gleichnishaft darstellte. Häufiger noch werden die Werkzeuge von Christi Leidensweg in einem Wappenschild, ja sogar in Form eines Vollwappens auf Schild und Helmzier verteilt.

Eine ähnliche Rolle konnte auch Heiligen zufallen, die, am auffälligsten in Zeiten einer Thronvakanz, als die eigentlichen Landesherren behandelt wurden. Das zeigt sich in einer Reihe von Staatssiegeln, etwa denen von Schottland, von Schweden und von Ungarn.

Aber nicht nur das Kreuz von St. Andreas in Schottland, St. Georg in England, die drei Kronen von St. Erich in Schweden und das Apostolische Kreuz St. Stephans in Ungarn wären hier zu erwähnen, sondern ebenso die Wappen, die den Heiligen von Fall zu Fall zugeschrieben wurden, wie die um das Kreuz gescharten Vögel Eduards des Bekenners, die neun Kugeln St. Quirins zu Neuß, oder der Flügellöwe von St. Markus.

Wappen exotischer Reiche in der Vorstellung mitteleuropäischer Wappensammler des 15. Jahrhunderts. Aus dem Conciliumbuch von Konstanz des Ulrich von Richenthal, 15. Jahrhundert.

Im 14. und 15. Jahrhundert aber schrieb man jedem Fürsten aus früher Zeit und jedem exotischen Reich, von dem man gehört hatte, ein Wappen zu, manchmal sogar aufgrund der Meldung eines Weltreisenden wie Marco Polo.

Zuweilen gelingt eine Deutung aber doch. Als Wappen des »Königs von Maroch« (Marokko) findet man drei Schachfiguren (Roche), in spanischen Quellen aber das ganze Schachbrett statt der Einzelfigur. Die Löwen von Arme-

nien mit dem Kreuzchen beruhen auf echten Münzbildern und dürften als Symbole des sagenhaften Priesterkönigs Johann zum Wappen des Kaiserreichs Äthiopien geworden sein.

Symbolisches Wappen des Todes *(ganz links)*, Stich von Albrecht Dürer.

Christi Passionswerkzeuge als päpstliches Gnadenzeichen im Eckquartier des Banners von Schwyz, 1512.

Eine philologische Interpretation der falschen Ausdeutung laienhafter Beschreibungen kann die Lösung für angebliche Wappen liefern. Das gilt nicht nur für Wappenbücher, sondern auch für Ahnenwappen auf Grabmälern, die sich auf weit zurückliegende Generationen beziehen sollen. Der in dieser Beziehung viel Material bietende Konrad Grünenberg, der ja selbst ins Heilige Land gereist war, brachte von dort allerlei Märchenhaftes mit, unter anderem den Glauben, daß der große Chan der Tataren einen Hundekopf habe, weil der Hund *canis* heiße, was leider lateinisch und nicht tatarisch ist. Wer aber in der Nähe Ägyptens gewesen war und dort von Anubisfiguren hatte faseln hören, der konnte leicht solche Irrtümer glauben.

Was man in bezug auf ganze Reiche entdecken kann, gilt natürlich auch hinsichtlich einzelner historischer Personen, und nicht nur für Karl den Großen und andere der »Neun Helden«, sondern für die Zwillingsbrüder Romulus und Remus.

DIE BELEHNUNG

Zwei Siegel des Landgrafen Konrad II. von Thüringen um 1234, links als Landesherr auf dem Thron, rechts als Heerführer zu Pferde, beide Male mit dem Wappenschild. Als Landesherr zeigt der Fürst das Banner, mit dem er belehnt worden ist, dem Reiterführer genügt – damals – die bildlose Fahne, ein Gonfanon.

Das lateinische Wort für Lehen, *feudum,* ist ein germanisches Wort mit lateinischer Endung. Es ist von einer vermuteten fränkischen Wortbildung *fehu-* und *od* abzuleiten, die aus dem Wortstamm *faihu* (gotisch: Herde, neudeutsch: Vieh) und dem Wort *od*=bewegliche Habe, Gut (das in dem Wort Kleinod noch fortlebt) besteht. Dies entspricht dem Grundgedanken des Lehenswesens, daß die Landwirtschaft die Leistung des Dienstes ermöglicht.

Der ökonomische Aspekt kommt auch in einem anderen lateinischen Wort für Lehen, nämlich *beneficium* (wörtlich »Wohltat«) unverhüllt zum Ausdruck.

Aus diesen beiden Komponenten werden die Frühformen der Heraldik verständlich. Der Gedanke der Erblichkeit des Wappens war erst anwendbar, nachdem es den Lehenträgern in ständiger Bemühung gelungen war, die ihnen auf Lebenszeit übertragenen Besitzungen auf ihre Nachkommen übergehen zu lassen.

Das Lehenswesen, das in den Nachfolgestaaten der Karolingerreiche die Grundlage der staatlichen Entwicklung geliefert hatte, diente den Königen von Frankreich dazu, ihren Vasallen gegenüber mit lehensrechtlichen Argumenten allmählich die Oberhand zu gewinnen. In Deutschland hingegen ist die Entwicklung genau umgekehrt verlaufen. Die Absetzung des übermütigen Herzogs von Bayern und Sachsen, Heinrich des

Karl der Große setzt Roland als seinen Stellvertreter in Spanien ein und überreicht ihm als Herrschaftszeichen einen Gonfanon. Dann verabschiedet er sich mit winkender Gebärde, um nach Frankreich zurückzukehren, und Roland versucht vergeblich, die Fahnenlanze in den Felsboden zu rammen.

Löwen, im Jahr 1180 bestand in einer lehensrechtlich mit Verstoß gegen die Vasallenpflichten begründeten Aberkennung der als Reichslehen behandelten Herzogtümer Bayern und Sachsen, wohingegen ihm die welfischen Stammgüter verblieben. Die Versuche Kaiser Friedrichs II., den deutschen Staat, in dem eine Stufenfolge von Treueverhältnissen, Heerschilde genannt, vom König über die Ministerialen bis zu den Rittern, sogar den unfreien, reichte, auf lehensrechtlicher Grundlage zu reorganisieren, gipfelten 1231 in dem Status zugunsten der Fürsten *(statutum in favorem principum)*. Die Folge davon war die Zersplitterung Deutschlands in zahllose Territorien.

Zum Vergleich kann die Landnahme durch die erobernden Normannen in England 1066 herangezogen werden. Eine totale Enteignung der Unterlegenen wurde in ein totales Grundeigentum des neuen Königs umgemünzt und führte mit Hilfe des Lehenswesens zur Bildung einer vollkommen neuen Oberschicht.

Zwei Seiten *(links* König von Sizilien und Herzog von Lothringen, *rechts* Kurfürst von Sachsen) aus dem Wappenbuch des Jörg Rugenn, 1495, in deren Mitte jeweils das Vollwappen eines Fürsten steht. Die diesen Fürsten unter-

Was die Beziehung zwischen Wappen, die ja in der Zeit zwischen dem ersten und dem zweiten Kreuzzug üblich werden, betrifft, so zeigen gerade die streng feuda-

tanen oder von ihnen beanspruchten Länder und Titel sind durch die das Wappen in der Blattmitte umrahmenden Schilde dargestellt. Noch scheute man sich, den Schild in zu viele Felder aufzuteilen.

len Verhältnisse in den Kreuzfahrerstaaten, daß für die Wappenführer die persönlichen Bindungen ausschlaggebend waren und territorialen nur, wenn sie auf lehensrechtlicher Grundlage beruhten.

Mit der Stärkung der Fürstenmacht im Deutschen Reich, die sich auch in der Ansammlung mehrer Territorien in einer Hand ausdrückte, nahm die Zahl der Wappen, zu deren Führung Einzelpersonen berechtigt waren, zu. Hier liegt der Ursprung jener vielfeldigen deutschen Fürstenwappen.

WAPPENVERSCHMELZUNGEN

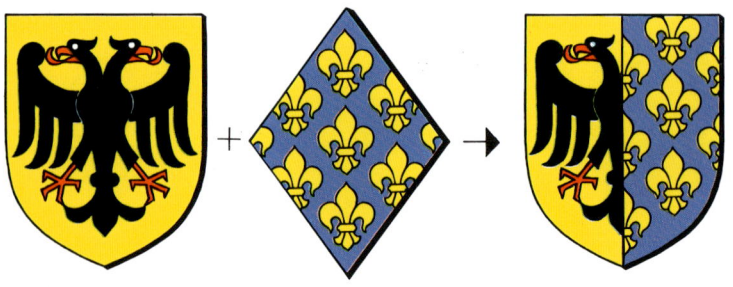

Das heutige Wappen des Domkapitels von Aachen wurde im ganzen Mittelalter für das Wappen Karls des Großen gehalten; es ist zusammengesetzt aus den Wappen des Reichs und Frankreichs.

Zu den interessantesten heraldischen Untersuchungen gehört die Erforschung der Zusammenhänge, aufgrund deren ein mehrfeldiges Wappen entstanden ist. Anfänglich, also seit dem ersten Drittel des 12. Jahrhunderts, und während eines weiteren ganzen Jahrhunderts strebte man so sehr nach überzeugender Eindeutigkeit, daß man nicht mehrere ganze Felder in einem Wappenschild kombinierte, sondern allenfalls halbierte. Dadurch kamen so sonderbare Gestalten zustande wie halbe Adler mit herangeschobenen Löwen oder Bären mit Löwen Rücken an Rücken, wie man sie nicht nur häufig in Westpolen, sondern auch in der Schweiz findet. Auch das angebliche Wappen Karls des Großen ist auf diese Weise gebildet worden. Sehr selten zeigt es statt des halben Adlers einen ganzen oder einen zweiköpfigen im ersten Felde.

Ein einschneidendes Ereignis trat in Spanien ein, dessen Kernland Kastilien mit dem nordwestlich gelegenen Königreich León zusammen nicht nur die Hauptlast der *Reconquista* getragen hatten.

Um 1230 hat man dort den Einfall gehabt, die Wappen im »quadrierten« Schild je zweimal unterzubringen, wodurch die graphische Gestaltung des Kastells und des Löwen kaum, und auch nur in den beiden unteren Feldern, beeinträchtigt wurde. Das Beispiel wurde übernommen, und zwar vermutlich erstmals ein Jahrhundert später in England, wo König Eduard III. im Zusammenhang mit der Entfesselung des Hundertjährigen Krieges 1337 den Titel »König von Frankreich« annahm und vor seinen englischen Königstitel setzte. Damals ahmte er die spanische Methode der Vereinigung zweier Staatswappen in einem quadrierten Schild nach, wobei auch hier Frankreich den Vortritt vor England erhielt.

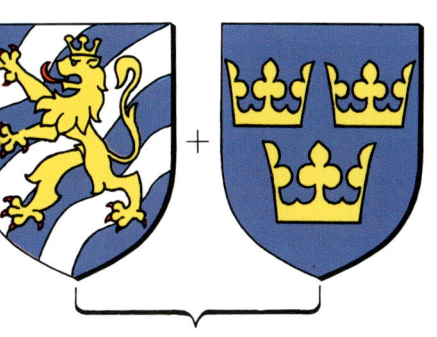

KOMMANDOFLAGGE DES
KÖNIGS VON SCHWEDEN

Das älteste schwedische Staatswappen ist gleichzeitig das der Dynastie der Folkunger (Löwenfeld). Seit dem 14. Jahrhundert gilt das Dreikronenwappen als das eigentliche Landeswappen. Seit dem 15. Jahrhundert pflegte man das Wappen der regierenden Dynastie als Mittelschild aufzulegen. Nachdem Gustav Wasa 1523 als Anführer eines nationalen Austandes zum König von Schweden als Gustav I. erkoren worden war, wurde dieses System beibehalten.

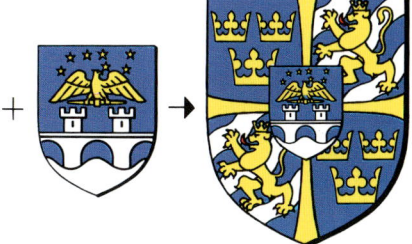

Seit jener Zeit nehmen die gevierten Wappen ständig zu. Im Wappenbuch des Herolds »Gelre« sind es unter 1707 Eintragungen schon fast einhundert.

Bis ins 15. Jahrhundert ging man meist nicht über ein quadriertes Wappen hinaus; lieber quadrierte man eines der Quartiere erneut. Die entscheidenden Schritte zu einer von der Quadrierung unabhängigen Felderanordnung scheinen im 15. Jahrhundert der »Bon Roi René« und die Erzherzöge von Österreich getan zu haben.

Bei Wappenverbindungen bestehen vor allem folgende Möglichkeiten:

1. Die beiden Schilde der Eheleute, auf die sich eine Erbschaft gründet, werden – vor allem zu ihren Lebzeiten – nebeneinandergestellt.

2. Beide Wappen werden in einem gespaltenen Schild ohne Veränderung ihres Inhalts, aber unter Anpassung an die veränderte Gestalt des Hintergrundes nebeneinandergestellt.

3. Die beiden Wappen werden in einem gespaltenen Schild je zur Hälfte vereint.

4. Nur eines der beiden Wappen, das sich dazu eignet, wird halbiert, das andere nicht.

5. Beide Wappen werden in einem gevierten Schild so vereinigt, daß das ranghöhere Wappen im 1. und 4., das nächstniedrige im 2. und 3. Feld untergebracht wird.

6. Wenn weitere Wappen zur Verfügung stehen oder herangezogen werden sollen, können sie einen Platz im Mittelschild erhalten, der, je nach Lage, als der beste oder als der geringste Platz angesehen wird. Das Wappen des Königreichs Beider Sizilien ist das komplizierteste, das je ein Kapetinger ersonnen hat. Den Grundstock lieferte die Kombination der Wappen von Spanien (Felder 1–5) und Österreich-Burgund (Felder 6–11), auf welches 1701 das Wappen des Hauses Bourbon-Anjou (Nr. 14) gelegt worden war. Nachdem der 1716 geborene spanische Infant (Prinz) Karl 1731 seinem Großonkel Anton als Herzog von Parma und Piacenza gefolgt war, eroberte er 1734 Neapel, wurde dort als König Karl VII. anerkannt und nach dem Verzicht auf das Herzogtum Parma vom Papst 1738 mit Sizilien und dem Königstitel von Jerusalem belehnt. Er behielt alle vom Vater ererbten Felder (1–11 und 14) bei und fügte ihnen unten die Felder 12 und 13 für das 1735 gewonnene Königreich an; an die

Eine folgenreiche Eheschließung war die Heirat des Erzherzogs Maximilian von Österreich mit Maria, der Erbin von Burgund 1477. Im Siegel des Herrscherpaares *(unten)* sind die meisten ihrer Wappen in übereinstimmender Weise verschmolzen; jedoch sind im Wappen

Maximilians die Mittelschilde zusammengezogen, aber vertauscht, so daß Tirol auf die burgundischen und Flandern auf die österreichischen Felder gelangt.

Der 1766 abgerissene Wappenturm in Innsbruck *(links)* war um 1497 mit allen Wappen der habsburgischen Herrschaftsgebiete bis hinunter zu den kleinsten in Flandern (Aalst) und Graubünden (Rhäzüns) bemalt.

Vereinfachte Zusammenstellung des Wappens des Königreichs Beider Sizilien

Wappen des Königreichs Beider Sizilien.

Flanken kamen die von seiner Mutter Elisabeth (Isabella) Farnese stammenden Wappen von Parma (Felder 15–18) und Medici (Feld 19). Als er 1759 als Erbe seines Halbbruders Ferdinand VI. wider Erwarten König von Spanien wurde, fielen die Felder 12 und 13 weg, aber die Felder 15 und 19 wurden in die Stammgruppe hereingezogen.

Königin Elisabeth (Isabella), als zweite Gemahlin Philipps V., des ersten Königs von Spanien aus dem Hause Bourbon, ohne Hoffnung darauf, daß ihre Kinder je den Thron von Spanien besteigen könnten, hatte deren Versorgung mit anderen Staaten erfolgreich betrieben. Sie brachte nicht nur den Anspruch auf Parma mit, sondern auch auf Toskana.

Das Wappen des Herzogtums Parma bestand seit 1556 aufgrund der Ehe des Herzogs Octavio mit einer Tochter Kaiser Karls V. aus einer Verschmelzung der Wappen des Hauses Farnese mit dem österreichisch-burgundischen Wappen und dem Abzeichen der päpstlichen Fahnenträger. Da der Sohn dieses Ehepaares, Alexander (gestorben 1592), aufgrund seiner Ehe mit Maria, einer Tochter des Prätendenten auf den freiwerdenden Thron von Portugal, seinem Sohn

In dem Schema *unten* sind die einzelnen Felder übereinstimmend mit den 19 Schildchen auf Seite 230/1 beziffert, um die Orientierung

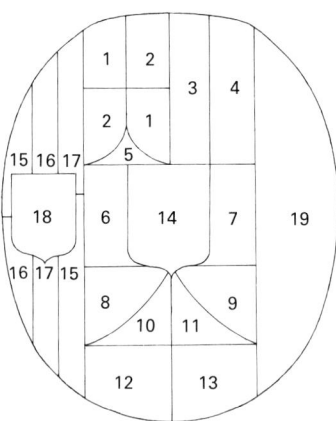

zu erleichtern. Die Felder 1–11 hatte schon Kaiser Karl V. (in Spanien König Karl I.) geführt. Der Mittelschild (14) wurde aufgelegt, als ein Enkel des französischen Königs Ludwig XIV. König von Spanien wurde. Mit der Beifügung aller übrigen Felder war das Wappen jenes Königreichs geschaffen, das bis 1867 bestand und auch nach der Hauptstadt Neapel benannt werden konnte.

1 KASTILIEN

In Rot ein goldenes Kastell mit blauem Tor und blauen Fenstern (ein redendes Wappen).

2 LEÓN

In Silber ein goldengekrönter (ursprünglich purpurner) Löwe (ein redendes Wappen).

3 ARAGON

In Gold vier rote Pfähle, eigentlich das Wappen der Grafschaft Barcelona (Katalonien).

4 SIZILIEN

Schräggeviert von Aragon und Hohenstaufen (in Silber ein schwarzer Adler).

5 GRANADA

In Silber ein naturfarbener beblätterter Granatapfel (ein redendes Wappen).

6 ÖSTERREICH

In Rot ein silberner Balken, vergleiche Ziffer 16.

7 NEU-BURGUND

Innerhalb rot-silbern gestückten Schildrandes blau mit goldenen Lilien besät.

8 ALT-BURGUND

Innerhalb roten Schildrandes golden-blau fünfmal schräggeteilt.

9 BRABANT

In Schwarz ein goldener Löwe (heute das Wappen Belgiens).

10 FLANDERN

In Gold ein schwarzer Löwe (heute das Wappen der belgischen Provinz Ostflandern).

11 TIROL

In Silber ein gekrönter roter Adler, die Flügel mit goldenen Kleeblattstengeln belegt.

12 ALT-ANJOU (Königreich Neapel)

Blau mit goldenen Lilien besät, belegt mit einem roten Turnierkragen.

Papst Paul III. (gestorben 1549) aus dem Hause Farnese ernannte 1545 seinen illegitimen Sohn Peter Ludwig zum Herzog von Parma und zum Fahnenträger der Kirche (Gonfaloniere della Chiesa), und somit schob

sich das Würdezeichen der Gonfalonieri, der päpstliche Schirm (rechts außen), zwischen die sechs parmesischen Lilien. Peter Ludwigs Sohn ehelichte 1538 eine illegitime Tochter des Kaisers Karl V., Margarete (1522–1586), die wie andere Kaiserkinder als einfaches Wappenbild einen von Österreich (Nr. 16) und Alt-Burgund (Nr. 17) gespaltenen Schild mitbrachte und in der Geschichte als glücklose, 1559 eingesetzte Generalgouverneurin der Spanischen Niederlande bekannt geworden ist.

13 KÖNIGREICH JERUSALEM
In Silber ein goldenes, von vier Kreuzchen bewinkeltes schwebendes Krückenkreuz.

14 NEU-ANJOU
Innerhalb roten Schildrandes in Blau drei goldene Lilien.

15 PARMA
In Gold sechs (3, 2, 1) blaue Lilien, eigentlich das Familienwappen des Hauses Farnese.

16 ÖSTERREICH
Siehe Ziffer 6. Dient oft als Gesamtwappen für alle schon vor 1477 habsburgischen Gebiete.

17 ALT-BURGUND
Siehe Ziffer 8. Der Schildrand wurde im Zusammenhang mit Österreich oft weggelassen.

18 PORTUGAL
Innerhalb roten, mit sieben goldenen Kastellen belegten Schildrandes die sog. *Quinas*.

19 TOSKANA (Medici)
In Gold sechs Kugeln, die fünf unteren rot, die oberste blau, mit drei goldenen Lilien belegt.

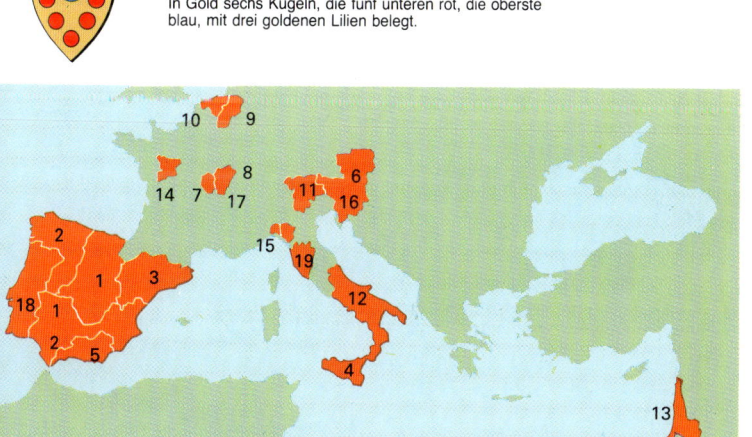

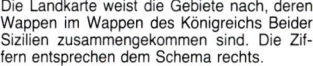

Die Landkarte weist die Gebiete nach, deren Wappen im Wappen des Königreichs Beider Sizilien zusammengekommen sind. Die Ziffern entsprechen dem Schema rechts.

Ranuncio I. Hoffnungen machen konnte, König von Portugal zu werden, legte dieser den Schild jenes Landes in die Mitte des Wappens von Parma. Wegen des Erlöschens des päpstlichen Fahnenträgeramtes – Odoardo wurde 1641 exkommuniziert – mußte das entsprechende Würdezeichen irgendwann einmal entfernt werden, daraufhin verschoben sich die vorher in der Quadrierung auseinandergehaltenen Felder Farnese und Österreich-Burgund zu sechs gleich großen Feldern.

In Ländern, die nicht die salische Erbfolge, also im reinen Mannesstamm, vorschrieben wie Frankreich, sondern weibliche Thronfolge zuließen, wie England und Kastilien, ist die Wappenführung durch die Frauen naturgemäß häufiger als anderswo. So wurden auch in England komplizierte Regeln für die Kombination von Ehe- und Witwenwappen entwickelt, aus denen der Status auch von Witwern abgelesen werden kann. Zu diesen Regeln gehört vor allem die Einführung des rhombenförmigen oder Rautenschildes, der sich in Mitteleuropa nicht durchgesetzt hat und auch die Unterbringung komplizierter Wappenbilder behindert.

Die heraldisch ausgedrückte Allianz braucht nicht in jedem Fall eine Ehe zu sein. Eine Geschäftsverbindung wie die der Inkunabeldrucker Fust und Schöffer kann ebenso durch einander zugewandte Schilde ausgedrückt werden wie eine Zusammenstellung mehrerer Territorial- oder Amtswappen.

Grundsätzlich soll das heraldisch rechts stehende Wappen, das im Normalfall das des vorrangigen Partners, in Ehen also das des Mannes, ist, dem Wappen des andern Partners aus »courtoisie« zugewandt sein, was oft unterbleibt.

Die Figur steht auf den Flügeln eines Triptychon des Lucas van Leyden. Die junge Frau trägt den in den Niederlanden üblichen Rautenschild der Damen, in dem bereits ihr Stammwappen mit dem ihres Gatten vereinigt ist.

KIRCHLICHE HERALDIK

Die kirchliche Heraldik ist von zwei Eigentümlichkeiten geprägt. Am auffälligsten ist das Wegfallen des als militärisch empfundenen Helmes, wogegen der ebenfalls dem Kriegshandwerk entlehnte Schild unbeanstandet die Grundlage der Wappen geistlicher Würdenträger bildet. An die Stelle des Helmes und der Helmzier treten kirchliche Würdenzeichen, nämlich die durch Farbe und Ausstattung mit Quastenschnüren nach Rängen gestuften breitkrempigen Pilgerhüte, dann die Hirtenstäbe, mit und ohne Schweißtuch, und Vortragskreuze, auch mit zwei oder eventuell drei Querbalken. Die sich in den letzten Jahrzehnten durchsetzende größere Schlichtheit wirkt sich im Fortfall der Mitra aus, also einer zweiten Kopfbedeckung, die im vorigen Jahrhundert sogar zusätzlich zum breitkrempigen Hut auf den oberen Schildrand gesetzt wurde.

Der Papst ist der einzige kirchliche Würdenträger, dem eine Krone, die sogenannte Tiara – auch Triregnum genannt –, zusteht; er setzt sie auf oder über seinen Wappenschild.

Wappen des Papstes Johannes Paul II (1978).

Die kirchliche Hierarchie kommt heraldisch in den Abstufungen der Kopfbedeckung zum Ausdruck. Neuerdings wird angestrebt, nur eine einzige Kopfbedeckung zu zeigen, vorzugsweise den breitkrempigen Hut, dessen Quasten *(fiocchi)* durch ihre Zahl und Farbe den Rang bezeichnen.

Links (von oben nach unten):

KARDINAL (30 rote Quasten);

PATRIARCH (30 grüne Quasten), gleichzeitig Bailli des Malteser-Ordens;

ERZBISCHOF (20 grüne Quasten), gleichzeitig Großkreuzritter des Ordens vom Heiligen Grab;

Rechts (von oben nach unten):

BISCHOF (12 grüne Quasten);

EXEMPTE ABTEI (Abtei Nullius). Zusätzlich zu den bischöflichen Insignien der Hirtenstab mit dem Schweißtuch und dem Schwert, weil die Abtei Einsiedeln Landeshoheit ausübte.

ÄBTISSIN, Familienwappen auf das Wappen des Klosters Notre Dame de la Maigrauge (Zisterzienser: zweites und drittes Feld) gelegt. Dahinter ein Hirtenstab.

UNIVERSITÄTSHERALDIK

Viele Universitäten haben nur die zu Urkundszwecken unerläßlichen Siegel, allerdings meist mit symbolischer Bebilderung.

UNIVERSITÄT MARBURG

UNIVERSITÄT SALZBURG bis 1962

UNIVERSITÄT OXFORD

UNIVERSITÄT CAMBRIDGE

UNIVERSITÄT EDINBURGH

Das Wort Universität ist eine Kurzform für *Universitas litterarum,* Allgemeinheit der Wissenschaften. Eine Universität muß, um diese Allgemeinheit organisieren zu können, institutionalisiert sein und ein authentisches Siegel führen.

Da die Universitäten nirgends in der Welt zum Waffendienst ausbilden, hängt ihr Verhältnis zur Heraldik von äußeren geistigen Einstellungen ab. Das Bild auf dem Siegel kann ein heraldisches oder unheraldisches Motiv oder beides zusammen sein.

Die Wappenbücher des Mittelalters und der beginnenden Neuzeit melden viele Universitäts-Wappen, die auf einer Kombination des regionalen Wappens mit dem Sinnbild der Gelehrsamkeit, dem Buch, beruhen.

Wie weit sie in Siegel übergegangen sind, hing vom Einzelfall ab; wie bei vielen Städten entwickelten sich die Siegel von den Wappen gänzlich unabhängig. Kombinationen wie bei Salzburg sind häufig, und echte Wappen sind im Bereich der englischen Sprache die Regel.

UNIVERSITÄT
SALZBURG seit 1972

FREIE UNIVERSITÄT
BERLIN

Großbritannien schuf sich in allen britischen Hoheitgebieten akademische Ausbildungstätten, darunter in Grahamstown, Natal, Südafrika *(links unten)*. Die Neigung, hochmodernen Fortschritt heraldisch zu verwerten, findet auch in jungen Universitäten Anklang, wofür die Wellen und die Atommodellsymbole der Universität Warwick ein Beispiel bieten *(unten)*.

TRINITY COLLEGE
DUBLIN

HARVARD
UNIVERSITY

YALE
UNIVERSITY

PATRIZISCHE REPUBLIKEN

Die Unterscheidung zwischen Monarchie und Republik zur Kennzeichnung einer Staatsverfassung ist zwar in der Gegenwart durch den Gegensatz von Diktatur und Demokratie verwischt worden, hatte jedoch bis zum Ende des 18. Jahrhunderts volle Gültigkeit. kratie wenig gemein, denn sie wurde von »regimentsfähigen Geschlechtern« ausgeübt, die sich an vielen Orten gegen die aufstrebenden Zünfte der Gewerbetreibenden wehren mußten. Die Stadt-

Was aber bis dahin als Republik firmierte, waren Städte, die infolge der auf das Lehenswesen aufbauenden Politik der Hohenstaufenkaiser eine Autonomie erlangt hatten, die für außerhalb des römisch-deutschen Reiches liegende Gemeinwesen nicht erreichbar war. Diese Autonomie hat mit Demostaaten in Italien, der Schweiz und in gewissem Umfang auch in Deutschland schufen sich Untertanengebiete und dokumentierten ihre Staatlichkeit meist mit den Fürsten abgeschauten Kronen. Ihre Wappen gehen selten auf Siegelbilder zurück, sondern mehr auf Kriegsfahnen wie bei den Schwei-

Wappen der mächtigen Republik Venedig *(unten)*, die ihrem Beinamen »Serenissima« durch fürstliches Auftreten und die Embleme der beherrschten Gebiete bis nach Zypern Nachdruck verschafft. Oben sitzt die Fischermütze des Dogen.

Links oben: Das Zauberwort »Libertas« (Freiheit) begleitet die italienischen Stadtrepubliken durch die Jahrhunderte und hat seine Kraft bei San Marino sogar bis in die Gegenwart ausgeübt; auch im Wappen von Ragusa und heute noch von Bologna kündet es alten Unabhängigkeitswillen.

Oben: Wappen von Genua, das über den Schild mit dem roten Kreuz von St. Georg nach dem Erwerb von Korsika eine königliche Krone setzte.

Links außen: Wappen der Stadt Lucca, das ihr Herzog Karl 1835 in der Form bestätigte, die während ihrer Unabhängigkeit geführt worden war, vermehrt um die Verdienstmedaille.

Links: Die staatliche Selbständigkeit der schweizerischen Kantone wurde und wird in einigen Fällen durch eine Souveränitäts-Krone ausgedrückt, nicht nur in Bern (hier das 1768 gravierte Staatssiegel), wo die Krone wie in Luzern und Solothurn eine Unterscheidung gegen das Wappen der gleichnamigen Hauptstadt ermöglicht.

zer Kantonen Zürich, Luzern, Freiburg oder Solothurn, deren Wappen aus einfachen Heroldsstücken bestehen, in Italien Lucca und Siena. Die Unterstellung unter einen Ortsheiligen lassen das Kreuz von Genua und der heilige Blasius von Ragusa erkennen. An die Wappen der alten Landesherrschaft erinnern die Pfähle von Foix und Katalonien mit den Kühen von Béarn, wohl auch der Schrägbal-

Neben den Willen, die Unabhängigkeit von nachbarlicher Fürstengewalt zu bewahren, trat der Glaube an die Schutzherrschaft eines Heiligen; in Ragusa (slawisch Dubrovnik) wurde St. Blasius verehrt.

Auf dem Marktplatz wehte eine Flagge mit seinem Bilde vom hohen Mast; die außerordentlich große ragusanische Handesflotte führte sein Bild oder seine Initialen oder das Wort LIBERTAS auf ihren weißen Flaggen.

ken im redenden Wappen von Bern, da der Stadtgründer ein Ahne der Markgrafen von Baden (in Gold ein roter Schrägbalken) war. Mit einem echten Herrschaftwappen, das aus den Territorialwappen ganz Venetiens und der adriatischen Anrainer, Istrien, Kroatien mit Dalmatien und Raszien und auch der Inseln Zakynthe und Zypern gebildet ist, kann die *Serenissima* aufwarten.

EGALITÄRE REPUBLIKEN

Flagge mit Freiheitsbaum, Neuengland 1775.

Wer alles neu und anders machen will, dem sind die heraldischen Regeln gleichgültig, selbst wenn er der Symbolik nicht entraten kann. Die Abwendung der amerikanischen Kolonien von Großbritannien manifestierte sich im Baum, den schon im Altertum freie Völker als Versammlungsplatz und Gerichtsstätte zu wählen pflegten. Schon 1686 steht die Fichte in der neuenglischen Flagge.

Der Baum war dann auch das Symbol der Französischen Revolution, und von ihren fürstlichen Bedrückern »befreite« Menschen tanzten um mit den französischen Farben verzierte und mit Freiheitsmützen besetzte Freiheitsbäume herum.

Eine sich an das antike republikanische Rom anlehnende Begeisterung nahm auch ihre eigene Symbolik von dort her: Frauen in weitfallenden Gewändern mit Liktorenbündeln, ungeöffnete Pfeilbündel, Füllhörner und phrygische Mützen. Die Schweiz, damals nach französischem Schema »Helvetische Republik« geheißen, griff nicht so weit zurück, sondern in den einheimischen Traditionsvorrat, in dem Wilhelm Tell ein dankbares Motiv des unbeugsamen Fronvogtverächters bot. Zugleich mit dieser antiheraldischen Emblematik erlangten dreifarbige Fahnen und Bänder so sehr die Abstempelung als republikanischer Typ, daß bei den Legitimisten Zweifarbigkeit der Abzeichen zur Regel wurde.

Das *Commonwealth* Oliver Cromwells, des Lordprotektors von 1649–1658, und seines Sohnes Richard mit dem gleichen Titel (1658–1660) bildet den Prototyp jener nicht monarchischen Staaten, die sich in der Wahl ihrer Symbole

Der Sturz der Monarchien hat in Deutschland 1918 zwar die Kronen wegfallen lassen; die Wappenschilde wurden aber nach Möglichkeit geschont (*links* Oldenburg, *daneben* Württemberg).

Der Baum als Sinnbild der Selbstverwaltung wird im späten 18. Jahrhundert in Westeuropa zum Sinnbild der republikanischen Freiheit und in Amerika das Symbol der Trennung von britischer Bevormundung.

möglichst eng an die Geschichte anschließen. Nur ausgesprochen monarchische Abzeichen werden hierbei in Frage gestellt. Sind diese als Rangabzeichen unverkennbar, wie Kaiser- und Königskronen, dann sind ihre Tage gezählt; Schmuckkronen, als »Volkskrone« zu Souveränitätszeichen auch von Teilstaaten deklariert, haben eine gegen sie denkbare Voreingenommenheit oft überwunden, so in Bayern, Hessen, Baden-Württemberg und Rheinland-Pfalz, mit Modifikationen in West-Berlin. Eine der ältesten Republiken des 19. Jahrhunderts, die Spanische von 1868, griff die Mauerkrone in ihrer Bedeutung als Bürgerkrone auf, ein Vorbild, dem die Republik Österreich nachgeeifert hat.

Bemerkenswerte Rückgriffe auf eine Geschichte als Nation der Seefahrer und Entdecker wagte Portugal 1910, indem es die persönliche Bilddevise von König Manuel I. (1495–1521) nicht in der Versenkung verschwinden ließ.

Die republikanische Staatsform, die in Europa im 19. Jahrhundert eher die Ausnahme bildete, setzte sich seit dem Ende des Ersten Weltkrieges weitgehend durch. Der Sturz der großen und kleinen

LOI
du 26 Juillet
1798.

RÉPUBLIQUE HELVÉTIQUE
UNE ET INDIVISIBLE
CANTON DE BÂLE

Monarchien in Deutschland warf allenthalben das Problem auf, wie die neuen Hoheitszeichen zu gestalten seien. Im allgemeinen behielt man die von den Landesfürsten geführten Wappenschilde bei, obwohl sie fast alle eigentlich deren Familienwappen waren.

Die den republikanischen Gedanken weiter ausbauenden Volks- oder sozialistischen Republiken haben es mit der Traditionspflege

Vom 28. 4. 1797 bis 20. 1. 1798 bestand in Padua eine Zentralregierung der ganzen Gegend (Siegel), die sich später mit der Cispadanischen Republik (Fahne rechts) vereinigte. Die Schweiz wählte die Apfelschuß-Szene aus der Tell-Sage *(oben)*.

etwas schwerer; einige von ihnen aber konnten den Anschluß an die Vergangenheit wahren, die Tschechoslowakische Sozialistische Republik sogar unter Verwendung einer für typisch »hussitisch« gehaltenen Schildform.

KOMMUNALE HERALDIK

Stadtluft macht frei, sagt ein altes deutsches Sprichwort. Damit dies aber möglich ist, muß die Stadt selbst als frei gelten, und zwar frei von fürstlicher Oberhoheit.

Kennzeichnend dafür sind die Urkundssiegel der großen Städte des Mittelalters, auf denen die Schutzheiligen dargestellt werden, teils in der Marterszene, teils in ihren At-

Entwicklung des Stadtwappens von Mainz *(von links nach rechts):* Siegel 1392; Schild um 1440, von Napoleon verliehen 1811, nach Napoleons Sturz, neuverliehen 12. Juni 1915.

Rechts: Gedenkmedaille der »Guten Städte« zur Geburt des Königs von Rom, 1811.

tributen kenntlich, umrahmt von Mauerwerk, das sogar Porträtcharakter tragen kann.

Diese Siegel sind aber nicht die Vorläufer der städtischen Wappen,

obwohl es viele Stadtwappen gibt, die auf Heiligenbilder zurückgehen.
Es gibt keine einhellige Auffassungen darüber, ob zu einem Stadtwappen außer dem unumstrittenen Schild auch weitere Prunkstücke hinzukommen sollen oder dürfen. Viele, gerade alte und bedeutende Städte ergänzen das Wappen mit Helm und Helmzier, anderen sind Rangkronen verliehen worden. Am weitesten verbreitet sind die auf die Antike zurückgehenden Mauerkronen, die von den drei bedeutendsten deutschen Reichsstädten Nürnberg, Augsburg und

Die Siegel zeigen eine Auswahl städtischer Motive.
Rückseite einer Goldbulle Kaiser Ludwigs des Bayern mit einer Ansicht von Rom aus der Vogelschau, 1328.

Rücksiegel König Balduins I. von Jerusalem (1118–1131), mit der Abbildung der drei wichtigsten Bauwerke dieser »Stadt des Königs aller Könige«.

Großsiegel von Hamburg von 1254, Modell für die amtliche Vorlage von 1864.

Stadtsiegel vom Emmerich (Niederrhein) mit dem Typenbild einer Stadt, darüber Schilde mit dem »redenden« Wappen (Eimer) der Stadt, 1237.

Rückseite des Siegels der Stadt Arles (Südfrankreich) mit dem Bild des Stadtpatrons und den Vertretern der die Stadtregierung bildenden Zünfte (vermutlich 14. Jahrhundert).

Frankfurt am Main seit Beginn des 18. Jahrhunderts auf ihren Schild gesetzt wurden und seit dem 19. Jahrhundert weithin Anwendung gefunden haben, in Deutschland aber in dem falschen Verdacht stehen, ein Erbe der verachteten napoleonischen Heraldik zu sein.
Die Tendez, jeder Gemeinde – also nicht nur solchen, die den Titel »Stadt« tragen – ein Wappen zu schaffen, war in den letzten Jahrzehnten in Europa außerordentlich erfolgreich, so daß gerade in demokratisch regierten Ländern fast jede Gemeinde ihr eigenes Wappen besitzt.

HAUPTSTÄDTE

Eine Galerie der Wappen von Hauptstädten – hier angefüllt mit einigen weiteren Großstädten – verschafft einen Überblick über die Elemente, aus denen Stadtwappen überhaupt gebildet werden. Seit Reykjavik ein Wappen geschaffen hat (1957), ist Athen die einzige Hauptstadt in Europa, die nur über ein Siegelbild, die namengebende Göttin Athene, verfügt, wenn man Moskau von der Betrachtung ausnimmt. Dort widerspricht das historische Wappen der Staatsauffassung – ein provisorisches von 1925 ist außer Gebrauch gekommen – und die in der Sowjetunion zu beobachtende Tendenz zur Schaffung neuer systemkonformer Stadtwappen hat zwar Städte wie Kiew, Odessa, Sotschi, Saporoschje, Riga, Stalingrad und andere erfaßt, aber noch nicht Moskau. Historische Wappen, wie das von Nowgorod, trifft man wieder an.

Antike Tradition lebt mit den Buchstaben *S(enatus) P(opulus) Q(ue) R(omanus)* (Senat und Volk von Rom) weiter in einem Wappen, das schon seit dem Mittelalter nachweisbar ist, wie auch das Kreuzwappen des Kreuzfahrerhafens Marseille, das guelfische Kreuzwappen von Mailand und das deutsche von Wien.

Sehr alt sind auch die redenden Wappen mit den Bären von Berlin und von Bern, das Georgskreuz von London mit dem Schwert von St. Paul. Auch die Burgen in den Wappen von Preßburg und Hamburg gehen auf alte Stadtsiegel zurück, werden gegenwärtig aber moderner gezeichnet, während die Burg von Prag sich recht eng an hussitische Vorbilder hält. Mittelalterliche Fahnenbilder sind bei Neapel zu vermuten und bei Zürich gesichert. Auf örtliche Sagen beziehen sich das Weichselweibchen von Warschau in einem sehr alten und die in Wasser schwimmenden Thronstützen in Reykjaviks neugeschaffenen Wappen. Neugeschaffen sind fast alle Wappen von Hauptstädten einstiger Kolonien, und zwar im anglophonischen Bereich fast ausnahmslos vom englischen *College of Arms* verliehen. Das gilt für Banjul, Canberra, Freetown, Kampala, Kingston (Jamaika), Montreal, Nairobi, Ottawa, Pretoria, Quebec, Rangun, Salisbury, Singapur, Toronto und Wellington.

Damit wird eine alte spanische Tradition fortgeführt, denn diese ehemalige Kolonialmacht verlieh im 16. Jahrhundert vielen überseeischen Städten ein Wappen spanischen Typs, der sich bis in die Gegenwart erhalten hat oder in neuerer Zeit wiederhergestellt worden ist.

ABIDJAN

ALGIER

AMSTERDAM

ASUNCIÓN

ATHEN

BAMAKO

BANJUL

BELFAST

BELGRAD

BERLIN

BERN

BOGOTÁ

BONN

PRESSBURG
BRATISLAVA

BRAZZAVILLE

BRÜSSEL

BUKAREST

BUDAPEST

BUENOS AIRES

CANBERRA

CARACAS CASABLANCA CHICAGO DAKAR

DELHI DEN HAAG DUBLIN EDINBURGH

FRANKFURT AM MAIN GENF GUANABARA GUATEMALA

HAMBURG HELSINKI HELSINGFORS JERUSALEM KAMPALA

KINGSTON KINSHASA KOPENHAGEN KYOTO

LAGOS

LA HABANA

LA PAZ

LIBREVILLE

LIMA

LISSABON

LONDON

LOS ANGELES

LUANDA

LUXEMBURG

LYON

MADRID

MANILA

MARSEILLE

MEXIKO

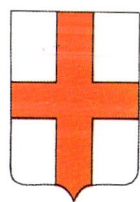
MAILAND

MONACO

MONTEVIDEO

MONTREAL

MOSKAU

NAIROBI   NEAPEL   N'DJAMENA   NEW YORK

OSAKA   OSLO   OTTAWA   PANAMA

PARIS   PORT-AU-PRINCE   PRAG   PRETORIA

QUEBEC   QUITO   RANGUN   REIMS

REYKJAVIK   ROM   SALISBURY   SAN FRANCISCO

250

SAN JOSÉ
DE COSTA RICA

SAN MARINO

SANTA ISABEL

SANTIAGO
DE CHILE

SANTO DOMINGO

SEOUL

SINGAPUR

SOFIA

STOCKHOLM

TANANARIVE

TOKYO

TORONTO

VADUZ
(1978 geändert)

WARSCHAU

WASHINGTON

WELLINGTON

WIEN

WINDHUK

WINNIPEG

ZÜRICH

FUNERALHERALDIK

Tod und Begräbnis sind seit jeher Anlaß zu weihevollen Feiern und biblischen Darstellungen gewesen. Je höher der Rang eines Menschen, desto größer ist sein Bedürfnis, seine Bedeutung für die Nachwelt zu dokumentieren. Lange vor ihrem Tod bestellten Mächtige ihr Grabmal. Nicht selten vergessen die Erben dann, das Todesdatum noch nachträglich einzufügen.

Mancher begnügte sich mit der Abbildung seiner ganzen Gestalt in Tracht oder Rüstung. Wer konnte, ließ diese Gestalt von dem Wappen seiner Eltern, ja auch Großeltern und höherer Generationen begleitet sein; daß man aber auch die Trauergemeinde auf seinem Grabmal abbilden läßt, ist ziemlich selten, selbst wenn die Trauernden als Träger der Ahnenwappen aufgebaut werden.

Als Träger der Ahnenwappen oder auch anderer Wappengruppen trat das Trauergefolge bei Begräbnissen hochadliger Personen oft auf. Die meist schwarzen, mit den Ahnenwappen bemalten Trauerfahnen wurden dann in der Begräbniskirche aufgehängt, wo sie, von der schwarzen Farbe zerfressen, langsam vergehen. Dem konnte man abhelfen, indem man dauerhaftes Material, zum Beispiel Holztafeln, verwandte, die in Schweden immer

Ritter Hans von Bischofswerder wird auf seinem Grabstein aus dem 15. Jahrhundert in der Kirche zu Ebersbach bei Görlitz umrahmt von den acht Wappenschilden seiner Ahnen.

Das Tischgrab des Philippe Pot, Groß-Seneschalls von Burgund, Kammerherrn König Ludwigs XI. von Frankreich, Gouverneurs von Burgund, ist 1493 kurz vor seinem Tode von ihm selbst in Auftrag gegeben worden. Die Trauernden tragen die Wappenschilde von sieben seiner Urgroßeltern; an die Stelle der ihm unbekannten Mutter der Mutter seines Vaters setzte er als achtes sein Stammwappen (in Gold ein blauer Balken) als Lückenbüßer. Der Trauernde zur Rechten am Kopfende trägt das gevierte Wappen, das Philipps Großvater Regnier zur Erinnerung daran vermehrt hat, daß ihm auf einem Feldzug (einer sogenannten Reise) 1389 gegen die heidnischen Preußen der Heldenname »Palamedes« beigelegt worden war. Paris, Musée du Louvre.

Leichenbegängnis der Königin Elisabeth I. von England 1603. Die Königin oder ihr Abbild liegen aufgebahrt auf dem Sarkophag, begleitet von den zwölf Bannern der Vorfahren der verstorbenen Königin: Heinrich II., ⚭ 1152 Eleonore von Aquitanien, Johann ohne Land ⚭ 1200 Isabella von Angoulême, Heinrich III. ⚭ 1236 Eleonore von Provence, Eduard I. ⚭ 1254 Eleonore von Kastilien, Eduard II. ⚭ 1308 Isabella von Frankreich, Eduard III. ⚭ 1328 Philippa von Hennegau, Edmund von Langley, Herzog von York ⚭ 1372 Isabella von Kastilien, Richard, Graf von Cambridge ⚭ Anna Mortimer aus dem Hause der Grafen von March, Richard Herzog von York ⚭ 1438 Cecily Neville, Eduard IV. ⚭ 1464 Elisabeth Woodville, dann Elisabeth, eine Tochter dieses Königspaares ⚭ 1486 Heinrich VII., schließlich Heinrich VIII. ⚭ Anne Boleyn, aus deren Ehe die Königin Elisabeth I. hervorgegangen ist.

noch Funeral-Banner heißen. Von den feierlichen Prozessionen haben zeitgenössische Künstler manchmal sehr genaue Bildberichte festgehalten, die nicht nur für die Tracht, sondern auch für die Wappen- und Fahnengeschichte wertvolle Dokumente darstellen. Auf den Bannern, in deren Begleitung Königin Elisabeth I. von England zu Grabe getragen wurde, erscheinen die Ehewappen ihrer

leiblichen Vorfahren aus zwölf Generationen.

Zur weiteren Ausschmückung des Trauerzuges sind auf die Decken der Trauerpferde die vom Knieband des Hosenbandordens umzogenen Wappen der Königin Elisabeth aufgesetzt. Die Pferde tragen auf Kopf und Kruppe Wimpel mit ihren Namensbuchstaben und Badges.

Bildquellen-Nachweise

Abkürzungen:

l.	links
m.	in der Mitte
o.	oben
r.	rechts
u.	unten

A.H.S.	Archives Héraldiques Suisses.
A.N.	Archives Nationales.
Arl.	*Die Wappenbücher vom Arlberg*, ca. 1400. Pub. Otto Hupp, 1937–1943.
B.G.H.	*Beiträge zur Geschichte der Heraldik.* Berchem, Galbreath und Hupp. Berlin, 1939.
B.H.M.	Bernisches Historisches Museum.
B.L.	British Library, London.
B.M.	British Museum, London.
B.N.	Bibliothèque Nationale, Paris.
B.N.M.	Bayerisches Nationalmuseum, München.
B.R.A.	Bibliothèque Royale Albert Ier, Brüssel.
B.S.	Bayerische Staatsbibliothek, München.
C.C.C.	*Chronik des Konzils zu Konstanz 1414–18.* Ulrich von Richental. Augsburg, 1483.
D.W.W.	*Der durchlauchtigen Welt vollständiges Wappenbuch*, Nürnberg, 1772.
ebd.	ebenda
Gelre	*Armorial de Gelre.* Ms. 12652–56, Brüssel, B.R.A.
G.H.	*Geschichte der Heraldik. (S.W., Band A).* G.A. Seyler.
G.N.M.	Germanisches Nationalmuseum, Nürnberg.
H.A.	*Heraldischer Atlas.* Hugo Gerard Ströhl. Stuttgart, 1899.
H.E.	*Heralds of England.* Anthony R. Wagner. London, 1967.
J.P.Z.	Photo: James Perret, Luzern, nach Vorlage in der Stadtbibliothek Zofingen.
J.W.	*Japanisches Wappenbuch »Nihon Moncho«.* Hugo Gerard Ströhl. Wien, 1906.
K.G.A.	*Konrad Grünenbergs Wappenbuch.* 1483. München, B.S.; Cgm 145.
K.M.	Kunsthistorisches Museum.
M.C.	*Manesse-Codex oder Große Heidelberger Liederhandschrift*, (Univ. Bibl. Heidelberg) ca. 1300.
M.N.P.	Réunion des Musées Nationaux, Paris.
Oe.N.	Österreichische Nationalbibliothek, Wien.
Opus	*Insignium Theoria (Opus heraldicum, pars generalis).* Philipp Jakob Spener, Frankfurt, 1690.
Pub.	Publiziert in/von/durch.
S.A.H.	Schweizer Archiv für Heraldik = A.H.S. (Deutscher Titel)
S.L.	Schweizerisches Landesmuseum, Zürich.
S.W.	*Johann Siebmachers Großes und Allgemeines Wappenbuch.* Nürnberg, 1854–1976.
Z.W.R.	*Die Wappenrolle von Zürich.* Walther Merz und Friedrich Hegi (Hrsg.). Zürich, 1930.

Seite

4 Aus *A System of Heraldry*, Vol. I, Alexander Nisbert, Edinburgh, 1722, Tfl. I.
8, 9 The British Library Board.
11 B.N., Paris.
12 London, B.M.
13–17 *Turnierbuch des Königs René*, B.N., ms. français 2692. Pub.: *Traité de la forme et devis d'un tournois*, René d'Anjou, Paris, 1946.
18 *o,u/l* Nach *B.G.H.*
18*u/r* Oe.N.; Cod. 2936.
19*u/l* B.S.; Cod. icon. 310.
19*u/m* B.N.; ms. français 16830.
19*u/r* B.N.; ms. français 387.
20*u/l* B.L.; ms. Add. 15681.
20*u/m* Wien, K.M., Waffensammlung.
20*u/l* Photo: Oronoz S.A., Madrid.
21*o/l* Böhmen III, Wien, K.M.
21*o/r* Nach S.A.H. 1910, Tfl. VIII.
21*r* H.E. Courtesy of the Tallow Chandler's Company, London.
23 Wien, K.M.
24 Aus Z.W.R.
25 Den Haag, Koninklijk Nederlandsch Genootschaap voor Geslacht- en Wapenkunde. Pub. Paul Adam-Even und Léon Jéquier, »Un armorial français du XIIIe siècle.« In A.H.S. 1951–1954.
26–29 B.R.A.
30 Nach einer Version der »Rous Roll«, 1477–1491, B.M.
31 M.C., J.P.Z.
32 B.L.; ms. Cotton Nero D.I.
33 Aus C.C.C.
34 Jacques Meurgey de Tupigny, Vol. IV., Mâcon, 1967.
35 »Obschtschi Gerbovnik Dvorianskich Rodow Vserossiiskaia Imperii«, Teil 2, St. Petersburg, 1797, S. 14.
36–37 London, College of Arms.
38 Aus: Musterband der Reichsdruckerei, Berlin, o. J. (zwischen 1900 und 1918).
39 Aus *Deutsche Wappenrolle*, Hugo Gerard Ströhl, Stuttgart, 1897.
40 Stockholm. Photo: Bengt Lundberg.
41 Schild von Seedorf, S.L.
42*o* Filippo und Francesco Negroli, Mailand 1541, Wien, K.M.
42*u* Aus *J. W.*; Tfl. XI.
43 Le Mans, Musée Tessé. Photo: Lauros-Giraudon, Paris.
44 B.M.; ms. Nero D I fol. 3a. Photo: Kunstbibliothek, Marburg.
45*r* Schild des Landgrafen Heinrich, ebd.

45*l* Marburg Universitäts-Museum. Photo Kunstbibliothek, Marburg.
46*l* Erfurt, Museum.
46*m* Florenz, Museo Bardini. Photo: Scala, Antella (Florenz)
46*r* B.H.M.; ref. Nr. 271.
47*o* Verlagsarchiv.
47*u* Paris, Musée de l'Armée; G. 563.
48 S.L.
49–51 Zeichnungen Werner Luzi, Luzern. Layout: Michael Stool.
52 Ottawa, National Museum of Canada. Photo: Richard Inglis.
53 London, College of Arms.
54*o* Verlagsarchiv.
54*u* G.N.M.: bibl. Hs. 2908, pIr.
55*l* Basel-Stadt, Staatsarchiv.
55*r*–57 Verlagsarchiv.
58 Baron Karl von Neuenstein.
58–59 Verlagsarchiv.
58–59*b* S. L.
60–63 Verlagsarchiv.
65 Aus *Armorial Général,* J.-B. Rietstap, Gouda, 1884.
66 *Armorial Général,* N.B.; ms. français 32217, fol. 795.
67*o*, 67*m*, 67*u* Alfred Znamierowski.
68*o* Autor.
68*u* Zeichnung: Franz Coray, Luzern.
69*o*/*l* Zeichnung: Werner Luzi, Luzern, nach Roger Harmignies, Brüssel.
69*u*/*l* *Nouveau Manuel complet du blason* . . . Paris, 1854.
69*r* ebd.
70–71 Verlagsarchiv.
72–73 F. A. Brockhaus, Wiesbaden.
75*o* Verlagsarchiv.
75*u* F. A. Brockhaus, Wiesbaden.
75*r* Autor.
76 Zeichnung: Franz Coray, Luzern.
76–77*u* Vatikan, Stanze di Raffaello.
77*o*/*l* Engelberg, Klosterbibliothek.
77*o*/*r* Sansepolcro, Pinacoteca Communale, Nr. 19, Photo: Alinari.
78–79 Zeichnungen: Werner Luzi, Luzern.
80 Alfred Znamierowski.
81*l* Franz Coray, Luzern.
81*r* Alfred Znamierowski.
82–83 Alfred Znamierowski.
84 *Aus dem Turnierbuch des Königs René,* B.N.; ms. français 2692.
85*o* Berlin, Kunstgewerbemuseum. Pub.: *Recueil du IVe Congrès International de Vexillologie,* Turin, 24.–27. Juni 1971; S. 181–186. 2 Farbtafeln.
85*u* Autor.
86–89 A. Znamierowski.
91 Franz Coray, Luzern.
92 Prag, St. Veit-Dom, Photo: Jan Neubert, Dobrichovice, ČSSR.
92–93, 94–95 Aus *A Dictionary of Heraldry,* Charles Norton Elvin, London 1889 und 1959.
94*u* Venedig, Museo Correr.
95*u* B.H.M.
96–97 Paris, Bibliothèque de l'Arsenal; ms. Ars. 4790.
98–100 Alfred Znamierowski.
101 B.R.A. Kupferstichkabinett.
102 Leningrad, Staatsbibliothek, Novosti Press Agency, Genf.
103*o* B.L.; ms. Harl. 2169 fol. 4v und 66v.
103*u* Autor.
104*l* Aus S.W. V, 4 Tfl. 64.
104*r* Aus *Sir Wriothesley's Armorial,* vgl. H.G. Ströhl in *Jahrbuch Adler,* Wien 1902, S. 100. Zeichnung: F. Coray.
105*o* Aus *History of Scottish Seals,* Band I, Walter de Gray Birch/Stirling and London, 1905, Nr. 43.
105*u*/*l* Altdorf, Rathaus. Photo: James Perret.
105*u*/*r* Amtliche Abbildung, Archiv des Autors.
106–107 Alfred Znamierowski.
107*l* Galvano nach dem am 12. 8. 1707 gebrauchten, jetzt verlorenen Original, G.N.M.
108*r* *Arl.,* Philipp der Muschrat.
110*o* M.C. fol. 323r; Cod. Pal. Ger. 848.
110*m*/*l* B.N.M.
110*m*/*r* Darmstadt. Hessisches Landesmuseum.
111 New York Historical Society.
112 Sitten, Musée de Valère. Photo: Heinz Preisig, Sitten.
113*o* Verlagsarchiv.
113*u* K.G.A.; B.S.; Cgm. 145 S. 6a.
114*o* Historisches Museum.
114*m* Zeichnungen: Franz Coray, Luzern.
114–115 *Royal Book of Crests of Great Britain and Ireland,* London (o. J.).
116 Flag Research Center.
117–121 Alfred Znamierowski.
122*l* Paris, Bibliothèque de l'Arsenal; ms. Ars. 4790, fol. 47v.
122*r*, 123*o* Verlagsarchiv.
123*u* Museum für Kunst und Geschichte, Freiburg/Schweiz. Photo: Benedikt Rast.
124–125 Werner Neumeister.
126–127 Alfred Znamierowski.
128 Aus *Solothurner Fahnenbuch,* Solothurn, Staatsarchiv.
129 *Arl.*
131 Museum für Kunst und Geschichte, Freiburg (vgl. 123*u*).
132–133 Familie Hayashi.
133–139 Alfred Znamierowski.
140*o* Wappen für Spanien und Portugal. Z.W.R.
140*u* Zeichnung: Werner Luzi, Luzern.
141 Solothurn, Historisches Museum, Blumenstein.
142 Koblenz, Landeshauptarchiv.
143 B.N.
144 Miniaturmalerei des Gabriel Geiger, Heidelberg 1620.
145–153 Alfred Znamierowski.
154*o* Augsburg, Diözesan-Museum.
154*u* Koblenz, Landeshauptarchiv; Balduineum.
155 M.C.; J.P.Z.
156–157*l*. nach *r*.: – Schloß Madeln bei Pratteln, Schweiz.
– Kantonsmuseum Basel-Land.
– Illustration aus H.A.
– Madeln; ygl. oben.
– Florenz, National-Museum.
– Paris, Musée de l'Armée, H PO 1275.
– Kolbenturnierhelm, Wien, K.M.
157*u* Aus C.C.C.

158*o* *Heraldica Curiosa,* J. A. Rudolphi, Nürnberg, 1658.
158*u* Aus K.G.A., S. 17.
159*l* Wien, K.M.
159*r* Zeichnungen des Verfassers. Pub.: *Lüneburger Blätter,* Band 2, Lüneburg, 1951.
160 Nach *Erneuert- und Vermehrtes Wappen-Buch,* Johann Siebmacher, Nürnberg, 1701, Teil 3, Tfl. 146.
161*o* M.C. Verlagsarchiv.
161*u* Mecklenburg. Nach G.H. 346.
162–163 Gelre, fol. 28v, 41v, 52v, 64r.
163*o* K.G.A., Blatt 233.
164*l* Valencia 1515.
164*r* Wappen des österreichischen Geschlechts Thiernstein, 1411 in *Arl.*
165 London, College of Arms.
166*l* Manuskript von »Magnus Erikssons Landslag«.
167 Autor.
168 Photo: Office du Livre, Freiburg.
169 Nach der Faksimileausgabe, Leipzig 1924.
170 Metropolitan Museum of Art, the Cloisters Collection 1932 und Stiftung von John F. Rockefeller Jr., 1946.
171*o* Paris, B.N.
171*u* Autor.
174 Nach *Histoire Générale de l'Auguste Maison d'Autriche,* Band II; Jean Laurent Krafft, Brüssel, 1745.
175*o* Verlagsarchiv.
175*u* Wien, Weltliche Schatzkammer. Photo: K.M., Wien.
176 Palermo, Domschatz.
177 Aus H.A.
178–180 Zeichnungen: Werner Luzi.
181*o* Verwaltung der Schlösser, München.
181*u* Kopenhagen, De Danske Kongers Kronologiske Samling paa Rosenborg.
182 Hohenlohe-Waldenburg, Fürstliches Rentamt Waldenburg.
183 Aus *Deutsche Wappenrolle,* H.G. Ströhl, Stuttgart, 1897, Tfl. VIII.
184 Zentralbibliothek, Luzern.
185 Aus *Regal Heraldry,* Thomas Willement, London, 1821.
186–187 Wien, Historisches Museum.
188*l* Florenz, Bargello. Photo: Scala, Antella.
188*r,* 189 Friedrich Warnecke, Heraldische Kunstblätter, Görlitz, 1877.
189*o/l* Pub.: Justin Winser, *Narrative and Critical History of America,* Band III, 1886, S. 520.
190–191 Glarus, Landesarchiv; *Glarner Fahnenbuch.*
191*o* Verlagsarchiv.
191*u* Aus D.W.W. Tfl. 6.
192 Autor.
193 Verlagsarchiv.
194*o* Autor.
194*b* Paris B.N.; ms. français 12559.
195 Laboratorio Fotografico Chomon-Perino, nach einem Codex in Turin.
196–197 Original 1720, der Biblioteca Reale, Kopie um 1800. Im Besitz von: Paul L. Csank.
197 Freundlicherweise beigesteuert von Dekan und Kapitel von Westminster.
198–199*l* nach *r:*
– Japan: J.W.
– England: Zeichnungen F. Coray.
– Frankreich. Die ersten zwei Bilder, Château de Blois. Archives Photographiques, Paris. 3 Kronen, Nancy. Musée Lorrain, Zeichnung nach Originalphoto, Franz Coray. Sonnenemblem, Archiv des Verfassers.
– Spanien. Zeichnungen von F. Coray.
200*o* Italien, nach *Freiburger Fahnenbuch,* Freiburg, Staatsarchiv. Photo: Benedikt Rast, Freiburg.
200*r* Mailand, Biblioteca Trivulziana, Cod. 1390.
201 Mailand, Biblioteca Trivulziana, Cod. 2168.
202 B.N.; ms. français 2313, fol. 394.
203*l* B.N.; ms. français 854, fol. 113v.
203*r* Oe, N.; Cod. 2606, fol. 70v.
204 Stockholm, Kungl. Livrustkammaren.
205 Schloß Frederiksborg. Photo: Poul Ainow, Kopenhagen.
206 Marburg, Elisabethkirche, Westportal, Bildarchiv Marburg.
206*r* Bildnis des Nikolaus von Diesbach. B.H.M.
207 Nach *Geschichte des ritterlichen Johanniter Ordens,* Justus Christoph Dithmar. Frankfurt a. Oder, 1728.
208–209*l* nach *r:*
– *Geschichte der Preussischen Münzen und Siegel,* F. A. Vossberg, Berlin, 1842, Tfl. I, Nr. 6.
– Photo: Bildarchiv Marburg.
– Zeichnung des Verfassers nach Gelre.
– Nach Vossberg, vgl. oben, Tfl. XI.
208*m/l* Zeichnung des Verfassers nach Gelre.
208*m/r* Verlagsarchiv.
208*u* Nr. 9863, Service photographique des Archives Nationales, Paris.
209*m/l* Ex Libris entworfen und gezeichnet von B. B. Heim. © B. B. Heim and Van Duren Publishers, reproduziert nach Erzbischof Heims grundlegendem Werk *Heraldry in the Catholic Church* (Van Duren Publishers), Gerrards (cross) mit freundlicher Genehmigung des Verlages.
209*m/r* Verlagsarchiv.
209*u* Nach *Österreichisch-ungarische Wappenrolle,* H.G. Ströhl, Wien, 1894.
210 Nach *Abbildungen und Beschreibung aller hohen Ritter-Orden in Europa,* G. Lichter, Augsburg, 1759.
212 Nürnberg, G.N.M.; Gm 581.
213 Basel, Kunstmuseum.
214*r* Konstanz, Rosgarten-Museum.
214*u* Stadtmuseum Solbad Hall; deponiert in Innsbruck, Tiroler Landesmuseum Ferdinandeum.
215*l* Innsbruck, Universitäts-Bibliothek.
215*r* Paris, Louvre.
216*l* Otto Hupp, nach der Kopie in der Sammlung Maria Hupp, Oberschleißheim.
217 *Freiburger Fahnenbuch,* Freiburg i. Ü., Staatsarchiv.
218–219 Aus C.C.C.
218*u/l* Schweinfurt, Sammlung Otto Schäfer, D-98.
218*u/r* Schwyzer Bundesbriefarchiv. Photo: James Perret.
220*o* Wolfenbüttel, Staatsarchiv.

221 St. Gallen, Staatsbibliothek.
222–223 Innsbruck, Universitätsbibliothek.
223, 224 Zeichnungen: Franz Coray.
227*l* Druckblatt, 19. Jh.
227*r* Nach *Sigilla comitum Flandriae, Olivarius Vredius*, Brüssel, 1639.
228*o* Nach D.W.W., Tfl. 15.
229*r* Zeichnungen: Autor und F. Coray.
230, 231 Zeichnungen: Franz Coray.
233 Leningrad, Eremitage, Photo: Novosti Press Agency, Genf.
234, 235 Sieben Bilder © B. B. Heim und Van Duren Publishers. Das Wappen Papst Johannes Pauls II. ist von Erzbischof Heim entworfen und gezeichnet worden. Diese Abbildungen sind mit freundlicher Genehmigung des Verlages dem grundlegenden Werk von Erzbischof Heim *Heraldry in the Catholic Church* (Van Duren Publishers), Gerrards (cross) entnommen.
236–237*o* Amtliche Abbildungen, Verlagsarchiv.
238 Zeichnung: Franz Coray, Luzern.
238*u/l* Autor. Photo: Cortopassi.
238*u/r* Bern, Staatsarchiv. Photo: Hugo Frutig, Bern.
239 Nach *Illustrazione storica dello stemma di Genova*, A. Boscassi, Genua, 1919.
239*u* Nach D.W.W., Tfl. 21.
240 Dubrovnik, Dominikanerkirche. Photo: André Held, Ecublens.
241*o* Verlagsarchiv.
241*u* Nach *Die Wappen und Flaggen des Deutschen Reichs und der Deutschen Länder*, Berlin, 1928, Tfl. VII, IV.
242 Photo: Benziger Verlag, Zürich.
243*o* Bern, Schweizerische Landesbibliothek.
243*u/l* Museo Bottacin, Padua.
243*u/r* Autor.
244–245 München, Staatliche Münzsammlung.
 – Siegel von Jerusalem/Verlagsarchiv.
 – Hamburg, Staatsarchiv.
 – Düsseldorf, Staatsarchiv.
 – Siegel von Arles. A.N.
244*u* Mainz, Staatsarchiv.
245 Photo: Musée Monétaire, Paris.
247–249 Verlagsarchiv.
250–251 *Brockhaus Enzyklopädie*.
252–253*u* Details in *Cahiers d'Héraldique* II, Paris 1975, S. 179–212. Photo: M.N.P.
253*o* Nach *Der Deutsche Herold*, 1927.
244–255 B.L. ms. Add. 35 324, fol. 37v.

NAMENSREGISTER

Kursiv gesetzte Ziffern bedeuten, daß auf der angegebenen Seite mindestens auch eine Abbildung steht.

Aachen, 110, 176, *224*
Aalst, 227
Abidjan, 247
Adolf s. Deutsche Kaiser und Könige
Afghanistan, 85, *89*
Ägypten, *118*
Alb, *121*, 171, 219
Albanien, *117*
Albrecht I. s. Deutsche Kaiser und Könige
Albrecht, Graf von Holland, s. Bayern
Albrecht, Hochmeister, s. Brandenburg
Algerien, *134*
Algier, *247*
Ambrosius, Heiliger, 216, *217*
Amsterdam, *247*
Andorra, *148*
Andreas, Heiliger, 80, 216
Äneas, 90
Angola, *150*
Anjou, *43*, *230*, *231*
Annunziatenorden, 213
Antigua, *145*
Anubis, 219
Aosta, *195*
Apis-Stier, *12*
Äquatorial-Guinea, *121*
Aragon, 18, 102, *108*, *164*, 165, *199*, 215, *230*
Argentinien, *109*
Arlberg, 26, *85*, 256, s. Bruderschaft
Arles, *245*
Armenien, 218
Arms, College of, *36–37*
Arthur, König, *170*
Aschoka, Kaiser, *100*
Asunción, *247*
Athelstan, König, *172*
Athen, 246, *247*
Äthiopien, *148*, 219
Audenaarde, Burggraf von, 27
Augsburg, 245
Australien, 85, *88*
Avis-Orden, *208*, *210*
Axel, Philipphan, 27
Azincourt, Schlacht, 21

Babenberger, 118
Bad, Orden vom, 213, *215*

Baden, *18*, 240, 242
Bahamas, *146*
Bahrain, 86
Balduineum, 28
Baltimore, Lord, *62*, 188, *189*
Bamako, *247*
Bangladesch, *126*
Banjul, 246, *247*
Barbados, *126*
Barbarei, *103*
Bartolo, Taddeo di, *46*
Basel, *55*, *103*
Baux, *128*
Bayern, Land, 110, 182, 183, 242
  Herzöge: Albrecht, Graf von Holland, 33
  Heinrich der Löwe, 90, 221
  Ludwig s. Deutsche Kaiser und Könige
Bayeux, 40
Béarn, 239
Belfast, *247*
Belgien, *49*, *50*, *51*, *69*, *98*, *178*
Belgrad, *242*
Belize, *146*
Benin, *135*
Berlin, *237*, 242, 246, *247*
Bern, *238*, 239, 240, 246, *247*
Bestiarien, s. Physiologus
Bhutan, *107*
Bischofswerder, *253*
Blasius, Heiliger, 239, 240
Blarer, Heinrich, *214*, 215
Bogotá, *247*
Böhmen, 20, *21*, *70–71*, *92*, *159*, 176
Bolivien, *138*
Bonn, *247*
Bophutatswana, *145*
Botswana, *152*
Bourbon, 16, 210, 228
Brabant, *230*
Brandenburg, 210
  Peter von, Ritter, 19
  Friedrich II., Kurfürst, *20*
  Albrecht, Hochmeister, 209
Brasilien, *136*
Bratislava, 246, *247*
Braunschweig, 91

Brazzaville, 247
Bretagne, *14*, *16*, *198*
Brienz, 40, *41*
Bruderschaft, 26, 85, 256
Brügge, 101, 182
Brunei, *145*
Brüssel, *247*
Budapest, *247*
Buenos Aires, *247*
Bukarest, *247*
Bulgarien, 99
Burgund, *46*, *199*, 210, 226, *227*, *230*, 231, 232, vgl. Karl der Kühne, *130*, 193
Burma, *153*
Burundi, *100*
Byzanz, 76

Calvert, 62
Camail s. Halsberge
Cambridge, Universität, *236*
Canberra, 246, *247*
Carácas, *248*
Casablanca, *248*
Caesar, Julius, *168*
Cassel, Robert Graf von, 27
Castillon, Schlacht, 20
Ceylon, 130
Chalon, 189
Chicago, *248*
Chile, *135*
China, Volksrepublik, *134*
China (Taiwan), *133*
Christus, 76, *77*, *103*, 208
Cilli, 156, *157*
Cispadanische Republik, *243*
Clarenceux, Wappenkönig, *36–37*
Clermont, Konzil, 6, 202
Costa Rica, *139*
Courteois, Jean, Herold, 18, *19*
Crécy, Schlacht, 15
Cromwell, 241
Crossland, 62

Dahomey, 135
Dakar, *248*
Dalmatien, 213, 240
Danebrog-Orden, 213
Dänemark, *67*, 81, 171, *181*, *203*, 211
Delhi, *248*
Den Haag, *248*
Deutsche Demokratische

Republik, *152*
Deutsche Kaiser und Könige:
Adolf, *173*
Albrecht I., *173,* 185, *187*
Ferdinand I., *47*
Franz II., 111
Friedrich s. Friedrich
Heinrich s. Heinrich
Karl, s. Karl
Konrad I., *172,* II., *173,* III., *172*
Lothar, *172*
Ludwig der Bayer, *173, 245*
Maximilian I., 45, *227*
Otto I., *172, 175,* II., *172,* III., *172,* IV., *173*
Philipp, *173*
Richard, 32
Rudolf I., *173,* 185, *186,* II., *176*
Wenzel, 200
Deutschland, *47,* 49, *51,* 110, 113, *178,* 220, 228, 243, 245
Deutschland, Bundesrepublik, 58, 110, *117*
Deutschritterorden, 205, *206, 209, 210*
Djibouti, *109*
Doktortitel, 161
Dollfuß, 11
Dominica, 83, 183
Dominikanische Republik, *82*
Donatello, *188*
Dreieinigkeit, *216*
Dürer, Albrecht, 74, 166, *167, 218,* 219

Eber, 116
Ebulo, Petrus de, *104*
Edinburgh, 215, *236, 248*
Edward Könige von England: der Bekenner, *30, 172,* 216
I., *172,* 254, *255*
II., 254, *255*
III., 15, *198,* 224, 254, *255*
IV., *172,* 254, *255*
Ehrenlegion, *69,* 204, 214
Einsiedeln, *235*
Ekuador, 130, *138*
Elba, 115
Elefantenorden, *205, 211*
Elfenbeinküste, *107*
Elisabeth,
I., Königin von England, 254, *255*
II., Königin von Großbritannien, 21
El Salvador, *138*
Emmerich, *245*
England, vgl. Großbritannien, 15, 21, 24, 40, 42, *49, 51,* 67, 68, 73, 80, *91, 96, 100,* 141, *177, 178, 185,* 192, 196, *198, 206,* 216, 222, 224, 254, *255*
Erfurt, *46*

Erich, Heiliger, 216
Erlach, 62
Erstfelden, 30
Escouchy, Mathieu d', 20
Esten, 81
Evangelisten, 96, 188

Farnese s. Parma
Färöer, *67*
Ferdinand, Könige von Spanien: I., *20,* VI., 228
Deutscher Kaiser: I., *47*
Fidschi (Fiji), *83*
Finnland, 10, 62, *98*
Flandern, *26,* 42, 193, *227, 230*
Florenz, *123, 188*
Foix, 239
Folkunger, *83, 225*
Franche-Compté, *26*
Frankreich, *29,* 34, 42, *49, 51,* 123, *151,* 176, *178, 191,* 194, *198,* 203, 204, 211, 220, *224,* 241
Könige, Karl, 170, 202
Ludwig, s. Ludwig
Philipp II., 42
Frankfurt am Main, 175, 245, *248*
Franz II. s. Deutsche Kaiser und Könige
Frederiksborg, *205*
Freetown, 246
Freiburg i. Ü., 239
Friedrich,
Deutsche Kaiser, I., *172,* II., *173,* 176, 221, III., *48*
II., Kurfürst, s. Brandenburg
Herzog von Österreich, 156
von Meißen, Minnesänger, 108
Fürstenberg, Otto von, *161*
Fust und Schöffer, 232

Gabun, *146*
Gambia, *149*
Gao, *120*
Garter, Wappenkönige, 36, *37,* 196
Garuda, *117, 119*
Gelre, Herold, *26, 28, 29,* 33, *81,* 226
Genf, *248*
Genua, *195, 239*
Georg, Heiliger, 80, 216, *239,* 246
Georgenbund, *48*
Georgsorden s. St. Michaels- und Georgsorden
Ghana, *83*
Giacobacci, 188, *189*
Gilbert- und Ellice-Inseln, *121*
Gisors, 42
Goldenes Vlies, Orden, *71*
Gott, *216*
Gottsched, *104*

Grahamstown, Universität, *237*
Granada, *230*
Greyerz, *114*
Griechenland, *82*
Grönland, *67*
Großbritannien, *21, 67,* 68, *80, 100, 123,* 215, 241
Grünenberg, Konrad, 32, 70, *71, 113, 158,* 159, *163,* 219
Gruthuyse, *84*
Guanabara, *248*
Guatemala, *121, 248*
Guayana, *121*
Guinea, *107*
Guinea-Bissau, *136*
Gustav I., König von Schweden, *225*
Guyana s. Guayana

Habsburg, *227*
Haiti, *127*
Halsberge, Orden von der, *213*
Halluin, David von, *27*
Hamburg, *243,* 246, *248*
Harvard, Universität, *237*
Hastings, Schlacht, 40
Havanna, *249*
Heiligen Geist, Orden vom, *215*
Heiliges Grab, Orden vom, *208, 212, 234,* 235
Heim, Bruno Bernhard, *209, 234, 235*
Heinrich,
Deutsche Kaiser und Könige I., *172,* II., *173,* III., *173,* 211, IV., *172,* VI., 168, *169,* VII., 28, *173,* der Löwe s. Bayern
Könige von England I., 43, *173,* II., 42, *173,* 234, *255,* III., 68, *173,* 254, *255,* IV., 181, V., 192, VI., *172,* 185, VII., *172, 173, 185, 197,* 254, *255,* VIII., 153, 192, *199,* 254, *255*
III., König von Frankreich, *199,* 211
Helfenstein, 104
Helsingfors (Helsinki), *248*
Helvetische Republik, 241, *243*
Hennegau, Herold, 19
Hessen, 96, *208,* 209, 242
Heynenson s. Gelre
Hohenzollern, 115
Holland, 33
Honduras, *137*
Hosenbandorden, *26, 67, 72,* 202, 203, 210, *211,* 214, 215, *255*
Hoyningen-Huene, von, *85*
Hussiten, 243, 246
Hozier, d', 34

Indien, *100*

261

Indonesien, *119*
Ingeram, Hans, Perserant, *20*
Innsbruck, *227*
Iran, *99*, 130
Irak, *118*
Irland, *67*, 80, *100*, *123*, *153*
Island, *82*
Israel, 90, *151*
Istrien, 240
Italien, 29, *49*, *51*, *73*, *136*, 164, *177*, *178*, 196, 238, 239

Jägerndorf, *87*
Jamaika, *82*
Japan, *42*, 43, *126*, *132*, *198*
Jerusalem, *113*, 205, 208, 209, 226, *231*, *244*, 245, *248*
Johann, Priesterkönig, 219
Johannes, Evangelist, 96, *198*
Johanniterorden, *203*, 205, *207*, *209*, *234*, 235
Jordanien, *120*
Juda, 90
Jugoslawien, *152*

Kalmarer Union, *67*
Kambodscha, *145*
Kamerun, *151*
Kampala, 246, *248*
Kanada, *73*, *88*
Kandy, 84, 98
Kannenorden, 102, *206*, *214*, 215
Kapland, 85, *109*
Kap Verde, *89*
Karl, Deutsche Kaiser
  K. der Große, 110, 174, *175*, *191*, 219, *221*, 224,
  K. IV., 30, *170*, V., 19, *42*, *154*, 228, 230
  Herzog von Burgund, K. der Kühne, 96, *101*, *190*, 193, *203* vgl. England, Frankreich, Neapel, Spanien
Karolinger, 191, 220
Kastilien, 142, 143, 224, *230*, 232
Katalonien, 239
Kenia, *121*
Ketzel, *212*
Kiew, 246
Kingston, 246, *248*
Kinshasa, *248*
Kiribati, *121*
Kleve, *139*
Knut, König, *172*
Kolumbien, *139*
Komoren, *133*
Kongo (Brazzaville), *149*
Konstantin, Kaiser, der Große, 76, 77, 213
Konstantinopel, Kaiser, 76
Konstanz, 31, *32*, 218
Konstanze, Kaiserin, 175, 176
Kopenhagen, *248*

Korea: Nord, *137*
Korea: Süd, *86*
Korsika, 239
Kroatien, 240
Kuba, *139*
Küenring, *87*
Kuraisch-Stamm, *118*
Kuwait, *147*
Kyoto, *248*

Labarum, 77, *181*
Lagos, *249*
Lancaster, *181*, 196
Landshut, Turnier, 46
Laos, *137*
La Paz, *249*
Lauf, 26, 30
León, 224, *230*
Leopold III., König von Belgien, *69*
Lesotho, *107*
Leyden, Lucas van, 232, *233*
Libanon, *127*
Liberia, *139*
Libreville, *249*
Libyen, *118*
Liechtenstein, 84, *87*
Lilie, 29, 74, *75*, 88, 122, *123*, 196, *197*, 208
Lille, Burggraf von, 26
Lime, *249*
Lissabon, *249*
Litauen, 142
London, 215, 246, *249*
Los Angeles, *249*
Lothar s. Deutsche Kaiser und Könige
Lothringen, 222
Luanda, *249*
Lucca, *238*, 239
Ludwig, König von Frankreich, IX., der Heilige, 211, XII., *198*, XIII., 34, *215*, XIV., 34, *199*, 211, 228
Lukas, Evangelist, 96
Lüneburg, 30, *159*
Luxemburg, *23*, 96, *97*, *99*, *128*, *198*, *249*
Luzern, 239
Lyon, *249*

Madagaskar, 150
Madrid, *249*
Mailand, 200, 246, *249*
Mainz, 192, *244*
Malawi, *133*
Malaysia, 85, *89*
Malediven, *127*
Mali, *120*
Malta, *86*, 205, *209*
Malteserorden s. Johanniterorden
Manesse, Codex, 29, *31*, *169*
Manila, *249*
Manuel, König von Portugal, 242
Marburg, *206*, *236*
Marco Polo, 218
Maréchal, Guillaume le, 14

Margarete, Königin von Dänemark, Schweden und Norwegen, *171*
Margrethe II., Königin von Dänemark, *67*
Markus, Evangelist, 96, 102, 216
Marokko, 130, *136*, 218
Marseille, 246, *249*
Maryland, 188, *189*
Massai, *121*
Matthäus, Evangelist, 96
Mauretanien, *134*
Mauritius, *147*
Maximilian s. Deutsche Kaiser und Könige
Mecklenburg, Albrecht von, 148
Medusenschild, *42*
Mexiko, *120*, *249*
Moçambique, *150*
Monaco, *87*, *249*
Monckton of Brenchley, *209*
Mongolei, *109*
Montevideo, *249*
Montjoye, 21, *191*, 193
Montreal, 246, *249*
Moreau, Philippe, 194
Moskau, 174, 246, *249*
Müllenheim, *160*
Mure, Konrad von, 27
Muschrat, Philipp der, 108, *257*

Nairobi, 246, *250*
Namibia, *106*,
Namur, 188
Napoleon, 110, 168, 172, 204, *244*, 245
Nauru, *153*
N'Djamena, *250*
Neapel, 209, 226, 228, 246, *250*
Nepal, 130, *138*
Neubecker, Ottfried, *85*
Neuenburg (Neuchâtel), 62
Neuengland, *241*
Neun Helden, 219
Neuerburg, *142*
Neuseeland, 85, *88*
Neuß, 216
New York, *250*
Nicaragua, *138*
Nidau, 62
Niedballa, *209*
Niederlande, *49*, *51*, 96, *99*, *178*, *232*
Niederländ. Antillen, *134*
Niedersachsen, 105
Niger, *106*
Nigeria, *87*
Norfolk, Herzog von, Marschall von England, 36, *37*
Normandie, 14, 40, *96*
Norroy, Wappenkönig, 14, 36, *37*
Norwegen, *98*, *171*
Nowgorod, 246
Nürnberg, 175, 212, 245

Obervolta, 85, *89*
Odessa, 246
Olaf, Heiliger, 96
Oldenburg, *241*
Oman, *150*
Osaka, *250*
Oslo, *250*
Österreich, *48,* 111, 115, *117, 118,* 156, *209,* 210, 226, *227, 230, 231,* 232, 242
Ostrom, 174
Ottawa, 246, 250
Otto s. Deutsche Kaiser und Könige
Ottokar, König von Böhmen, 92
Oxford, Universität, *236*

Padua, *243*
Pakistan, *126*
Palamedes, 253
Paläologen, *76*
Panama, 85, *88,* 130, *250*
Papst, 195, *235,* 205, 228, 234
   Johannes Paul II., *235*
   Pius II., *74*
   Paul III., 230
   Sixtus V., 96
Papua-Neuguinea, *120*
Paraguay, *135*
Paris, 66, 96, *250*
Paris, Matthew, 27, 32
Parma, 226, 228, *229,* 230, *231,* 232
Parr, Katharina, *199*
Patrick, Heiliger, *80*
Paulus, Heiliger, 246
Pavia, Graf von, *200*
Peru, *101*
Peter, von, Ritter, s. Brandenburg
Petra Sancta, Silvester, 188, *189*
Philipp,
   Deutscher König, *173*
   Flandern, Graf von, 42
   Frankreich, Könige: II., August, 42, IV. der Schöne, 203, 206
   Spanien, König, V., 228
Philippinen, *133*
Physiologus, 90, *102,* 103
Pisa, 84, *85*
Plantagenet, *43*
Poitou, *32*
Polen, *49, 51, 72, 117,* 142, 224
Port-au-Prince, *250*
Portcullis, *199*
Portugal, 74, *75, 140, 153,* 203, *208,* 210, 228, *231,* 232, 242
Pot, Philippe, *252, 253*
Poyas, 22
Prag, 92, 176, 246, *250*
Pranker Helm, *159*
Preßburg s. Bratislava
Pretoria, *250*

Preußen, 35, 38, *39, 177,* 191, 206, 207, *209*
Ptolemaios V., *168*
Punier, 147

Qatar, *147*
Quaternionen, 113
Quebec, 246, *250*
Quetzal, *121*
Quirin, Heiliger, 216
Quito, *250*

Ragusa, 239, *240*
Rangun, 246, *250*
Raron, *112*
Raszien, 240
Rätselwappen, 73
Reims, *250*
René, König, 10, 12, *16, 17, 84,* 226
Reykjavík, 246, *250*
Rhäzüns, 227
Rheinland-Pfalz, 242
Rhodesien, *149*
Richard, Könige von England
   I., Löwenherz, *8,* 42, *91,* 176, III., 196
   Graf von Cambridge, 254, 255
   Graf von Cornwall, 32
   Herzog von York, 254, 255
   Deutscher König, s. Deutsche Kaiser und Könige
Richental, Ulrich von, *31, 32, 218*
Richmond, Herold, *199*
Rietstap, Jean-Baptiste, 64, 65
Riga, 246
Rivoli, 30
Rog(g)endorf, *166*
Rom, 28, 96, 171, 173, 188, *244,* 245, 246, *250*
Römisch-deutsches Reich, 34, 102, 111, 174, *175, 224*
Roland, *221*
Romulus und Remus, 219
Rosenkriege, 123
Ruanda, 150
Rudolf I., s. Deutsche Kaiser und Könige
Rugenn, Jörg, *222, 223*
Rumänien, *137, 177*
Rußland, *35, 49, 51,* 115, *177*
Rüxner, Herold, 22
Ruyers, 22, 33

Sachsen, 80, 221, *223*
Sachsenspiegel, 30, 40
Saladin, 8, *9, 118, 119*
Salisbury, 246, *250*
Salomon-Inseln, *149*
Salzburg, Universität, *236, 237*
Sambia, *87*
San Francisco, *250*

San José de Costa Rica, *251*
San Marino, *67, 137,* 239, *251*
St. Christopher-Nevis-Anguilla, *147*
St. Lucia, *126*
St. Michaels- und Georgsorden, *215*
St. Stephansorden, *209*
St. Urban, Kloster, *59*
Santa Isabel, *251*
Santiago de Chile, *251*
Santiago de Compostela, 208
São Tomé und Principe, *127*
Saporoschje, 246
Sarazenen, 154
Sardinien, 108
Saudi-Arabien, *127*
Savoyen, 188, *195,* 210, *213*
Scharfeneck, Heinrich von, *182*
Schedel, Weltchronik, *184*
Schlesien, *87*
Schleswig, *67*
Schongau, *110*
Schongauer, Martin, *188, 189*
Schottland, *28, 67, 80, 100, 105, 123,* 216
Schweden, *40, 83, 148, 171, 177–180, 204,* 205, 216, *225,* 252
Schweiz, 10, 20, *21,* 62, *82,* 112, 113, *124, 125, 218, 219,* 224, 238, 241
Schwertorden, *206, 212*
Seedorf, Schild von, 40, *41*
Senegal, *100*
Seoul, *251*
Seraphinenorden, *204,* 205
Seychellen, *139*
Seymour, Johanna, *198*
Shakespeare, 196
Shrewsbury, John Talbot, Graf von, 20
Siena, 239
Sierra Leone, *152*
Sigismund, Kaiser, 110, 175, 210
Singapur, *134,* 251
Sizilien, Land, 18, *222,* 226, *228, 230, 231*
   Herold, 18, *19*
Skanderbeg, *117*
Smert, John, Herold, 22
Sofia, *251*
Solis, Virgil, *70,* 75
Solothurn, *141,* 142, 239
Somalia, *135*
Sotschi, 246
Sowjetunion, *151,* 214
Spanien, *20, 23, 119, 140, 178–180,* 203, 208, 221, 224, 226, 228, 242, 246
   Könige: Ferdinand I., *20, 198*
   Karl I., *74, 174,* 228
   Königin: Isabella (Elisabeth), 198, *228, 230*
Speyer, 175

Sponheim, *18*
Sri Lanka, *98*, 130
Stachelschwein, *198*, *213*
Stafford, *196*, *197*
Stalingrad, 246
Stephan, Könige von England, *173*, von Ungarn, 176, *177*, 216
Sternorden, *202*
Stockholm, *251*
Stuart, 196
Stuart, Mary, Königin von Schottland, *105*
Südafrika, 109
Sudan, *118*, 120
Surinam, *146*
Suworow, *35*
Swaziland, *149*
Syrien, *118*

Taiwan, *133*
Talleyrand, *69*
Tamga, 142
Tananarive, *251*
Tansania, *152*
Tell, Wilhelm, 241, *243*
Templerorden, 203, 206, *208*
Teufen, Werner von, *31*
Thailand, *117*
Thüringen, *45*, *220*
Tirol, *230*
Tlingit, *52*
Tobacco Ltd. Imperial, *36*, *37*
Togo, 85, *89*
Tokio, *251*
Toledo, 175
Tonga, 85, *88*
Toronto, 246, *251*
Toskana, 228
Transkei, *146*
Trinidad und Tobago, *148*
Troppau, *87*
Tschad, *86*
Tschechoslowakei, *88*, 243

Tuareg, *107*
Tudor, *185*, 196, *198*
Tunesien, *147*
Turin, *105*
Türkei, *133*
Tuvalu, *145*

Uffenbach, 32
Uganda, *153*
Ulster, Herold, 36
UN s. Vereinte Nationen
Ungarn, 49, 51, *86*, 176, *177*, 210, *215*, 216
Union Jack, *80*
Urgel, *148*
Uri, *104*
Ursern, 20, *21*
Uruguay, *151*

Vaduz, *251*
Vannier, 34
Vatikanstadt, *148*
Veldeke, Heinrich von, 90
Venedig, Venetien, 240
Venezuela, *106*
Vereinigte Arabische Emirate, 119
Vereinigte Staaten von Amerika, *11*, *142*, *242*
Vereinte Nationen (UN), 135
Vietnam, *136*
Visconti, 166, *200*, *201*
Vulson de la Combière, *194*, 195

Waadt, 188, 213
Waldauf von Waldenstein, *244*
Waldemar II., König von Dänemark, 81
Wales, 124, *185*, 188, *189*, *199*
Warschau, 246, *251*
Warwick, Universität, *237*

Washington, *251*
Welf, 91
Wellington, 246, *251*
Wenzel, König von Böhmen, 176
König von Deutschland s. Deutsche Kaiser und Könige
West-Samoa, *135*
Wien, 185, *186*, *187*, 246, *251*
Wienhausen, 26
Wijnbergern, Armorial, 24, *25*
Wilhelm, Könige von England I., Herzog der Normandie, 40, *172*, II., *173*
Wimpfen, *110*
Windhuk, *251*
Windsor, 215
Winnipeg, *251*
Winterthur, *48*
Wischnu, 117
Wolkenstein, Oswald von, *215*
Worms, 45
Württemberg, *241*, 242
Würzburg, Konrad von, 27

Yale, Universität, *237*
Yemen: Nord, *118*
Yemen: Süd, *119*
York, 196

Zaire, *100*
Zentralafrikanische Republik, 85, *87*
Zerklaere, Thomasin von, 91
Zisterzienser, *33*
Zürich, *24*, 26, 30, 32, 40, *70*, *140*, 239, 246, *251*
Zweter, Reinmar von, *110*, 111
Zypern, *120*, 188, *206*, *208*, *212*, 239, 240

€ 0,-   11/2015
Stadt Bibliothek Neuss